Kohlhammer
Taschenbücher
Thema: Religion

Band 1040

Thema: Religion

Sammelwerk
für Unterricht – Studium – Erwachsenenbildung
Herausgegeben von H. Sorge und S. Vierzig

Lieferbare Bände:

H. Sorge / S. Vierzig
Handbuch Religion I
Sekundarstufe II – Studium
Bd 1032

S. Vierzig
Religion in der Gesellschaft
Bd 1034

J. Heumann
Symbol – Sprache der Religion
Bd 1035

S. Vierzig
Kirche und Politik
Bd 1036

H. Kemler
Christentum – Alte Kirche und Mittelalter
Bd 1037/1

H. Kemler
Christentum – Reformation und Neuzeit
Bd 1037/2

S. Vierzig
Das Böse
Bd 1040

Folgende Bände erscheinen in Kürze:

J. Lott
Handbuch Religion II
Erwachsenenbildung
Bd 1033

H. Sorge
Religion und Frau
Bd 1038

H. Heinemann
Reich Gottes und Zukunft
Bd 1039

Inhalt

B. UNTERRICHTLICHE KONKRETION

Kursstrukturplan: Das Böse

Projektphase	Inhalt
I. *Problemfindung* Erfahrungen werden aus der Versenkung hervorgeholt	*Erfahrungen und Symbole des Bösen* 1. Persönliche und kollektive Erlebnisse und Symbole 2. Konkretionen des Bösen in der Gesellschaft
II. *Problembearbeitung* Was bieten die Vordenker zur Lösung an?	*Verarbeitungen und Bewältigungsversuche in verschiedenen Traditionen* 1. Projektionen des Bösen: Mythen in der Religion Urgeschichte, Teufel, Hexen 2. Verdrängungen und Rationalisierungen des Bösen: Die großen Denker in Philosophie und Theologie Antike, Neuplatonismus, Augustin, Leibniz, Kant 3. Verharmlosungen und Neutralisierungen des Bösen: Aggression in den Humanwissenschaften Lorenz, Freud, Fromm
III. *Das Problem in der Praxis* Wie können die persönlichen und gesellschaftlichen Probleme gelöst werden?	A. *Leiden* Das Böse im Leben des einzelnen 1. Die christliche Leidenstheologie 2. Die Revolte gegen das Leiden Der Existentialismus: A. Camus
	B. *Feindbilder* Juden, Kommunisten, Fremde, »Ausländer Raus!«
IV. *Alternative Handlungsmodelle* Wie kann es anders werden?	*Konsequenzen und Veränderungen* Fünf Thesen zur Überwindung des Bösen

Thema: Das Böse

I. Einführung in die Gesamtthematik

Das »Böse« ist durch Jahrhunderte hindurch eine zentrale Frage der Theologie wie der Philosophie gewesen. Sie stellte sich zunächst vom Gottesverständnis her: Wie kommen die den Menschen bedrohenden, zerstörerischen Kräfte in das gute Werk des einen Schöpfergottes? Danach hat bereits die Urgeschichte in der Genesis gefragt: Warum müssen die Menschen sterben, warum müssen sie sich abrackern, warum töten sie einander und vernichten ihre Welt?
Und noch nach Auschwitz, dem absoluten Höhepunkt des Bösen, haben die Menschen gegrübelt: Wie kann Gott das zulassen? Die Frage stellte sich aber auch vom Selbst- und Weltverständnis der Menschen her: Wie kommen die Menschen, die doch zum Höchsten berufen sind, dazu, so böse zu sein, daß sie die schöne Welt an den Rand des Abgrunds bringen? Damit sind schon die zwei Dimensionen angedeutet, die sich im Problem des Bösen immer verbunden haben:
1. die metaphysische Dimension, das Böse als eine Macht, die den Menschen beherrscht, und 2. die ethische Dimension, das Böse als Möglichkeit menschlichen Handelns in Konkurrenz zum Guten.
Was ist von dieser klassischen Problematik heute noch übriggeblieben? Gibt es noch den Hiob, der mit der Summe allen Übels geschlagen mit Gott rechtet? Spielt die Theodizee-Frage noch eine Rolle? Gibt es das Problem des Bösen überhaupt noch in einer entsakralisierten Welt? Eine Zeitlang konnte es so aussehen, als ob das Böse sich wegrationalisieren ließe. Die Aufklärung war davon überzeugt. Und für Leibniz war »das metaphysische Übel nichts anderes als die notwendige Nichtgöttlichkeit der Welt«[1], so daß diese doch die beste aller möglichen Welten blieb. Vollends reduzierten die empirischen Wissenschaften der jüngeren Zeit das Böse auf ein Aggressionsbedürfnis des Menschen, so daß Konrad Lorenz vom »sogenannten Bösen«[2] reden konnte. Aber wissenschaftliche Erkenntnisse und Erklärungen sind eine Sache und die Gefühle von Menschen eine andere. Schockierende geschichtliche Erfahrungen wie die beiden Weltkriege haben den

Mythos von der guten Welt empfindlich erschüttert und entweder Wellen der Angst vor bösen Entwicklungen ausgelöst oder zu kollektiven Verdrängungen mit hektischen Kompensationen, wie in den fünfziger und sechziger Jahren, geführt. Gegenwärtig sind wir offenbar an einem Punkt, an dem das, was unsere Welt hochgebracht hat, Technik und Wissenschaft, umschlägt in die totale Katastrophe dieser Welt. Überall stecken wir in Sackgassen. Wirtschaftliche und soziale Entwicklung kippen genauso um wie die natürlichen Lebensräume. Das Bergende verwandelt sich in tödliche Bedrohung, und es gibt keine Residuen mehr auf der Welt, wohin sich wenigstens die privilegierten Teile der Menschheit retten könnten. Angst vor der Zukunft wird zu einem Grundgefühl derer, die sich noch nicht die Abgebrühtheit von Polit-Profis erworben haben. Hier in diesen elementaren Daseins-Ängsten liegt unser aktuelles Umgetriebenwerden von der Frage nach dem Bösen verborgen. Es ist nicht mehr primär ein Erkenntnisproblem für uns. Die Rückkehr zu einem metaphysischen Glauben an das Böse, als Macht außer unserer Welt, ist bewußtseinsmäßig nicht mehr möglich, genauso wenig wie der ideologische Glaube an die Machbarkeit des Guten. Für uns ist das Böse primär ein Problem unmittelbarer Erfahrung. Unsere vielfältigen Berührungen mit lebensgefährlicher Bedrohung, zerstörerischen Kräften, auch selbstzerstörerischen, unser Leben mit Gewalt, Terror und nuklearem Overkill, unsere Angst-Vision, die Untergangsprognosen könnten Wahrheit werden, das sind die Konkretionen des Bösen, mit denen wir fertig werden müssen. Auch der Begriff des Bösen, unter dem diese Erfahrungen gebündelt werden können, ist nicht mehr als ein Symbol unter anderen. Die Frage nach dem Bösen hat für uns den Rang der Frage nach dem Überleben bekommen. Das Konzept dieses Bandes versucht, dem Rechnung zu tragen. Eine geisteswissenschaftliche Begriffsgeschichte ist interessant, aber sie hat nur soweit eine Berechtigung, als sie mit unseren Erfahrungen vermittelbar ist. Darum wird in diesem Band versucht, eine Geschichte der *Erfahrungen* des Bösen und der Weisen der Verarbeitung wenigstens ansatzweise zu skizzieren. Zur Erfahrungs- und Verarbeitungsgeschichte gehören natürlich auch Traditionen der Vergangenheit, von den Mythen bis zu den wissenschaftlichen Theorien, sie sollen aber immer wieder auf ihren Erfahrungshintergrund und ihre reflexive Kraft zur Verarbeitung befragt werden. Hinter diesem Ansatz stecken Elemente psychoanalytischer Theorie, die die Struktur des Vorgehens bestimmen, das durch folgende Schritte charakterisiert werden kann:

– Bewußtmachen der Erfahrungen,
– Wahrnehmen der Verarbeitungsweisen,
– Überführung der Verdrängungen und Projektionen in einen reflexiven Veränderungsprozeß, wozu die Auseinandersetzung mit verschiedenen Traditionen aus Theologie, Philosophie und Humanwissenschaft kritische Hilfe geben kann.

Dabei entspricht es der Akzentveränderung des Problems des Bösen in der Gegenwart, daß sich die Bedeutung der beiden erwähnten Dimensionen, der metaphysischen und der ethischen, entscheidend verändert. Die ethische Dimension ist deutlich in den Hintergrund getreten. Offenbar breitet sich das Bewußtsein aus, daß die Kräfte der Destruktivität so explosionsartig anwachsen und eine alles überflutende Eigendynamik entwickeln, daß sie weder durch individuelle Ethik und Moral noch durch staatliche Ordnung eingedämmt werden können. Weltuntergangsstimmungen werden kaum artikuliert, sind gleichwohl spürbar. Die metaphysische Dimension dagegen hat eine andere Qualität bekommen. Das Böse wird durchaus als Macht erlebt, obwohl eine metaphysische Begründung etwa in einem Gottesglauben für das allgemeine Bewußtsein nicht mehr relevant ist. Das quasimetaphysische Erleben von Bösem heute ist gekennzeichnet durch die schockartige Erkenntnis, daß das, was die Moderne in der Ablösung von Religion und Metaphysik ausmachte, die Rationalisierung aller Lebensvorgänge, nicht mehr gutes Leben garantiert und schützen kann. Die Erfahrung des Bösen heute ist die Erfahrung, daß die Vernunft nicht mehr vernünftig ist, daß die Rationalität umschlägt in Irrationales. Die ökologische Situation und die Rüstungsspirale mit dem tausendfachen Overkill sind die kollektiven Erfahrungen dessen, was Horkheimer und Adorno die »Dialektik der Aufklärung« genannt haben, die sie mit diesem Satz einleiten: »Seit je hat die Aufklärung das Ziel verfolgt, von den Menschen die Furcht zu nehmen, und sie als Herren einzusetzen. Aber die vollends aufgeklärte Erde strahlt im Zeichen triumphalen Unheils.«[3] Das Böse, wie es uns heute begegnet, ist nicht mehr vernünftig verrechenbar, ist nicht mehr logisch in einem Denksystem unterzubringen, auch nicht in einem gängigen theologischen System. Unsere Frage kann darum nicht lauten: Wie können wir das Böse denkend bewältigen?, sondern: Wie können wir mit den Erfahrungen des Bösen als schlechthin irrationalem Widersinn leben, wie können wir das verarbeiten, und das heißt gleichzeitig auch, wie können wir neue Motivationen für das Leben angesichts des Bösen finden? Der Band hofft, ein wenig dazu beitragen zu können.

A. INFORMATIONEN UND KOMMENTAR

I. Erfahrungen und Symbole des Bösen

1. *Persönliche und kollektive Erlebnisse und Symbole: Haben wir Angst?*

Die Erfahrungen des Bösen sind historisch und individuell geprägt. Jede Zeit hat ihre eigenen Schock-Erlebnisse und ihre Symbole. Die Menschen des Mittelalters sahen in Pest, Cholera, Hungersnot und Krieg apokalyptische Reiter, Boten und Inkarnationen des Bösen. Jahrhunderte später gaben die französischen Dichter des Existentialismus, Sartre und Camus, der Erschütterung durch die beiden Weltkriege Ausdruck durch Werke wie »Tote ohne Begräbnis«, »Die Eingeschlossenen«, »Der Teufel und der liebe Gott« (Sartre) oder »Die Pest«, »Der Fall« (Camus), in denen sie die Sinnlosigkeit des Lebens predigten. Auschwitz als Ort unvorstellbarer Tötungsmaschinerie ist zum Symbol des Bösen für eine ganze Nachkriegsgeneration geworden. Hannah Arendt gibt ihrem Bericht vom Eichmann-Prozeß in Jerusalem den Untertitel »Von der Banalität des Bösen«. Heute erleben viele Menschen die Kernspaltung, ob für Atomenergie oder für Nuklear-Waffen verwandt, als Inbegriff des Bösen und der Chaos-Bedrohung, symbolisiert im Turmbau zu Babel.

Konfliktsituationen von epochalem Ausmaß werden als kollektive Erfahrungen von Bösem erlebt, weil sich in ihnen eine äußerste Bedrohung menschlichen Lebens manifestiert. In Symbolen werden diese Erfahrungen »aufgehoben«, d. h. sie werden anschaulich erinnert und gleichzeitig einer Verarbeitung zugänglich gemacht. Damit sind Symbole des Bösen eigentlich immer religiöse Symbole, ob sie aus spezifisch religiöser Tradition kommen oder nicht. Erfahrung des Bösen ist Erfahrung letzter Begrenzung, die sowohl die physische Existenz als auch die Sinnhaftigkeit des Lebens in Frage stellt. Das Problem des Bösen erweist sich generell als ein religiöses Problem, auch dort, wo es nicht auf einen Gottesglauben bezogen ist. Theologisch kann dies von der Religionstheorie Paul Tillichs begründet werden, Religionen als Ergriffensein vom unbedingt Angehenden, symbol-

theoretisch hat Joachim Scharfenberg das eingeengte, psychoanalytische Symbolverständnis in diesem Sinne erweitert:
»In einer bestimmten Konfliktsituation, sei es ein Konflikt äußerer Art – ein sozialer Konflikt – oder ein Konflikt innerer Art – ein innerpsychischer Konflikt – wird eine Erfahrung gemacht, die diesen Konflikt zu bearbeiten vermag. Sie verdichtet sich zu einer Vorstellung, die sowohl den Konflikt wie seine Bearbeitung in sich aufnimmt. Eine solche Vorstellung nennen wir ein religiöses Symbol.«[4]
Erfahrungen des Bösen sind auch nicht nur kollektive Erfahrungen, sondern vor allem auch subjektive, von der individuellen Lebensgeschichte geprägte Erfahrungen. Die Theologie hat diesen Sachverhalt in einer etwas verwirrenden Begriffsvielfalt ausgedrückt. Die kollektiven Phänomene des Bösen werden verobjektiviert das »Übel« genannt, während die subjektiven unter dem Begriff des »Leidens« rangieren. Das persönliche Erleben des Bösen, das individuelle Leiden, bezieht sich auf Krankheit, Alter, Schicksalsschläge und Tod. Was nicht bedeutet, daß nicht auch die großen, kollektiven Erfahrungen subjektiv erlebt werden. Gemeinsam ist die psychische Reaktion auf Erfahrungen des Bösen, die Angst.
Zwischen Bösem und Angst gibt es aber offenbar noch einen weitergehenden Zusammenhang. E. Drewermann vertritt in einer groß angelegten Untersuchung der jahwistischen Urgeschichte, der er den Titel »Strukturen des Bösen« gibt, folgende These: »Die Angst ist es, die böse macht, und das Böse ist es, das Angst macht.«[5] Er sieht in der Angst ein »archaisches« Gefühl der Bedrohtheit, ein Ausgeliefertsein an die pure Natur, auf das der Mensch mit dem Versuch reagiert, sein Leben rational zu gestalten. »In der Angst weicht dem Menschen förmlich der Boden der Kultur unter den Füßen, und er stürzt wie durch ein Loch um Jahrtausende zurück in die Tiefen der Vorzeit.«[6] Das Unvernünftige ist das Böse, es zu erleben, löst letzte Angst aus, weil das Menschsein selber bedroht ist. Der Titel eines Films von Rainer Werner Fassbinder, der eine arabische Redensart aufnimmt, gibt den Sachverhalt schlüssig wieder: »Angst essen Seele auf«.
Daß die Angst heute als gesellschaftliche Grundstimmung angesehen werden muß, ist inzwischen belegbare Tatsache und nicht, wie Politiker meinen, eine von den Medien erzeugte Modeerscheinung. Wie wenig Politiker die Gefühle der Menschen einschätzen und ernstnehmen können, ist ein gefährliches Zeichen für die Reduzierung politisch-gesellschaftlicher Probleme auf

funktional-rationale Strukturen. Erfahrungen des Bösen, kollektive wie subjektive, sind ein Politikum. Demokratische Gesellschaften, die Bürgerfreiheiten garantieren, können letztlich nicht gegen die Ängste der Menschen regiert werden.
Auch bei einer grundsätzlichen Skepsis gegenüber demoskopischen Erhebungen lassen sich die übereinstimmenden Ergebnisse verschiedener Untersuchungen nicht weginterpretieren. Sie »haben ein extremes Maß an Unruhe, Sorge und Angst« in der Bundesrepublik festgestellt«.[7]
Interessant ist eine Vergleichsanalyse des Emnid-Instituts zu der Frage: »Wovor haben Sie manchmal Angst?«, für die Jahre 1975–1978–1981. Die kollektive Angst-Ursache ersten Ranges ist die Kriegsbedrohung, die sich im Vergleich zu 1975/78 verdoppelt hat. Demgegenüber treten alle anderen kollektiven Angst-Erfahrungen zahlenmäßig kaum in Erscheinung. Besonders fällt auf, daß die Umweltverschmutzung nur von 5% als angstmachend erlebt wird, und vor Terror und Radikalismus haben sogar nur 2% Angst, die Hälfte weniger als 1975. Zählt man die »persönlichen Leiden«, Krankheit, Unfälle, Tod, Alter zusammen, so sind das 32%, fast so viel wie die Angst vor dem Krieg. Aber diese statistisch erhebbaren Angst-Reaktionen sind mit Sicherheit nur die sichtbare Spitze eines Eisberges. Daß es unterhalb der Sichtgrenze noch viel stärker gärt, wird z. B. an der rapide wachsenden Zahl der psychischen Erkrankungen deutlich. Bereits 1975 hat die Psychiatrie-Enquete der Bundesregierung festgestellt, daß jährlich rund 200 000 Bundesbürger psychisch derart schwer erkranken, daß sie einer ärztlichen Behandlung bedürfen.[8] In der Schulstatistik rechnet man damit, daß jeder vierte Schüler psychisch geschädigt ist. Konkret ist der Zusammenhang von akuten Angsterfahrungen und psychischer Erkrankung von dem internationalen Komitee »Ärzte für die Abwendung des nuklearen Krieges« festgestellt worden: »Die Gefahr eines Atomkrieges ruft bei vielen Menschen einen inneren Spannungszustand hervor, sie beginnen am Sinn ihrer schöpferischen Tätigkeit zu zweifeln und verlieren den Glauben an die Zukunft. Das Wettrüsten macht die Menschen krank.«[9] Das wurde bei einem internationalen Kolloquium in der Evangelischen Akademie Tutzing erklärt.
Daß von den krankmachenden Folgen der kollektiven wie persönlichen Leidenserfahrungen besonders die Jugend betroffen ist, stellt der Zwischenbericht der Enquete-Kommission »Jugendprotest im demokratischen Staat« ausdrücklich fest, wenn er die »passiven Protestformen« vieler Jugendlicher wie

»Selbstzerstörung durch Alkohol, Drogenmißbrauch, Selbstmorde, Selbstmordversuche und die Flucht in Jugendsekten« für gravierend hält.[10]
Angesichts solcher belegbaren faktischen Erfahrungen klingt es wie Hohn, wenn ein Innenminister eines Bundeslandes es in öffentlicher Erklärung für erforderlich hielt, »dem Gerede gerade junger Menschen über die Angst wirksam entgegenzutreten, das er für eine ›Modeerscheinung‹ der Publizistik hält. Es gebe von der Situation der Menschheit her keinen Anlaß, ängstlicher zu sein als frühere Generationen.«[11]

2. *Konkretionen des Bösen in der Gesellschaft: Wovor haben wir Angst?*

Was konkret wird als lebenszerstörendes Böses erlebt in heutiger Zeit? Es kann hier nicht um eine quantifizierende Auflistung aller Faktoren für die tödliche Bedrohung dieser Erde gehen, sondern nur um die zentralen Ursachen des möglichen Weltuntergangs, die von allen denkenden Menschen gesehen, aber kaum in ihrer Schrecklichkeit realisiert werden. Die subjektive Erfahrungs- und Leidensfähigkeit hinkt weit hinter den objektiven Tatsachen hinterher, bzw. ist die Verdrängung für viele die einzige Weise der Bewältigung eines Weltzustandes, von dem der UNO-Generalsekretär Perez de Cuellar sagte: »Die Apokalypse ist nicht mehr nur eine biblische Vorstellung, sie ist heute eine echte Möglichkeit geworden.«[12] Der Präsident des Club of Rome, Aurelio Peccei, sieht die folgenden zehn Punkte als die bedrohlichsten Weltprobleme:
- Bevölkerungsexplosion,
- Nicht-Vorhandensein von Plänen und Programmen für die Sicherung der elementaren Bedürfnisse,
- Zerstörung der Biospähre,
- Krise der Weltwirtschaft,
- Rüstungswettlauf,
- Vernachlässigung tiefgreifender sozialer Übel,
- Anarchische wissenschaftlich-technische Entwicklung,
- Überalterung und Verknöcherung der Institutionen,
- Ost-West-Gegensatz und Nord-Süd-Gefälle,
- Mangel an moralischer und politischer Führung.

Nun muß man unterscheiden zwischen den äußeren objektiven Gegebenheiten und den inneren Wahrnehmungen. In den westlichen Gesellschaften wird seit einiger Zeit der Rüstungswettlauf zwischen den Supermächten USA und UdSSR und die sich vergrößernde Wahrscheinlichkeit eines den Planeten vernichtenden Nuklear-Krieges als *die* Konkretion des Bösen schlechthin empfunden. Die Theologin Doreothee Sölle hat bei der Bonner Friedensdemonstration anläßlich der Nato-Tagung die Stimmung nicht nur der Friedensbewegung erfaßt, als sie sagte: »Wir stehen hier, weil wir den Zustand der dauernden Tötungsvorbereitungen nicht mehr ertragen.«[13] Der Aufstand der Friedensbewegten richtet sich gar nicht primär gegen konkrete Kriegsabsichten der Supermächte, sondern gegen die angebliche Rationalität der These vom Gleichgewicht der Rüstung als einzigem Friedenssicherungsinstrument. Diese funktionale Logik der Experten wird nicht mehr nachvollzogen. Im Gegenteil, der Rüstungswettlauf wird als ein absolut irrationales, selbstzerstörerisches Handeln erlebt. Auf diesen konkreten Fall trifft das zu, was der Philosoph Walter Schulz festgestellt hat: »Das Böse ist im Grunde Unvernünftigkeit. Auf dieser beruhen alle Formen negativen Verhaltens, auch die Formen der Unterdrückung.«[14] Die Erfahrung, daß lebensbedrohende Probleme, die durchaus vernünftig bewältigt werden könnten, in eine irrationale Selbstzerstörungsdynamik umschlagen, läßt am Sinn menschlicher Existenz verzweifeln, nährt den Glauben an einen unausrottbaren Hang des Menschen zur Grausamkeit gegen sich und andere. So wird sich im nach-metaphysischen Zeitalter die Spezies Mensch zum Bösen, zur Wurzel alles Übels. Ähnliche Ohnmachtsgefühle angesichts waltender Irrationalität werden auch von den Öko-Bewegten erlebt. Nur daraus ist der Mut der Verzweiflung zu erklären, mit dem auch besonnene Bürger, die sich ein Leben lang gesellschaftsloyal verhalten haben, zum Aufstand gegen die Staatsgewalt fähig sind, wie bei Demonstrationen gegen die Startbahn West geschehen. Die sinnlich erlebten elementaren Lebensbedrüfnisse und die angeblich notwendigen rational-funktionalen Systemabläufe der Industriegesellschaft erscheinen als nicht mehr vermittelbar, sie werden gerade in ihrer funktionalen Logik als irrational, weil Menschen bedrohend, erlebt. Das, was Horkheimer und Adorno 1947 die »Dialektik der Aufklärung« genannt haben als Quintessenz der geschichtlichen Erfahrung des Faschismus, der Gegensatz zwischen den Ideen der Aufklärung, Freiheit, Gerechtigkeit, Humanität und der gesellschaftlichen Praxis der totalitären Systeme, wird heute auf einer sinnlicheren Ebene erlebt: die durch die Aufklärung ermöglichte Naturbeherrschung macht die Selbstzerstörung möglich. Damit ist aber mehr als eine historische Bewegung infrage gestellt, es ist die Möglichkeit sinnhafter Menschenexistenz überhaupt bedroht, wenn selbst die Entwicklung der höchsten Potenzen des Menschen die unheimlichen Kräfte der Selbstzerstörung nicht bändigen kann, und die Hoffnung auf die Gestaltung einer Erde, die den Menschen Heimat gibt, zwangsläufig schwinden muß.

Ganz parallel dazu vermitteln Erfahrungen des Ausgeliefertseins an den »Apparat«, mit seinen undurchschaubaren, anonymen und technisch-funktionalen Entscheidungen, Ohnmachtsgefühle der Bürger, die sich von dem Moloch »gesellschaftliches System« um ihre Handlungsfähigkeit gebracht sehen. Die Ohnmachts- und Angsterlebnisse sind es, die zu neurotischen Projektionen führen, in denen der Apparat, das System, die Politik verteufelt werden.

Horkheimer und Adorno haben schon in den sechziger Jahren ihre Gesellschaftskritik zugespitzt auf die Horror-Vision von einer »verwalteten Welt«. Heute ist die »verwaltete Welt» von jedermann erfahrbar. Und da es gegen diesen Trend kein Mittel zu geben scheint, wachsen die Ohnmachts- und Aggressionsgefühle spürbar. In einem Oberstufen-Kurs, in dem das vorliegende Projekt praktisch erprobt wurde, sollten die Schüler zu Kursbeginn irgendeine Begebenheit oder ein Medium mitteilen, das für sie zu einem Symbol des Bösen geworden ist. Meine Vermutung, sie würden vor allem durch Bilder vom Krieg, Gewalt und Terror in ihrer Erfahrung des Bösen bestimmt, bestätigte sich nicht. Vorherrschend brachten die Schüler Literatur mit, die die »verwaltete Welt« als Schreckensvision darstellten: Franz Kafka, Der Prozeß; George Orwell, 1984; auch Aldous Huxley, Brave New World.

Das unterstreicht die These, daß nicht primär die äußeren Schreckensbilder und Erlebnisse als »böse« erfahren werden, sondern hinter den Phänomenen spürbare »Kräfte« werden zum »Ursprung des Bösen« mythisiert: Der große Bruder, die totale Technifizierung, die Anonymität der Verfolger. Das Böse scheint auch in nach-mythischer Zeit nur mythisch ausdrückbar zu sein. Die Erfahrung, daß eine vom Menschen geschaffene Welt sich verselbständigt und sich gegen ihn wendet, ist eine Verrücktheit, die buchstäblich verrückt machen kann.

Schließlich gehört zur Psychopathologie heutiger Gesellschaft der eklatante Mangel an Möglichkeiten zum Erleben eigener Gefühle, der als äußerste Bedrohung erlebt wird. Das Phänomen ist längst aktenkundig: Das Motiv für die zunehmende Brutalisierung in Teilen der Protestszene ist kaum in revolutionären, politischen Inhalten zu suchen, sondern in dem Bedürfnis, wenigstens in Gewaltakten Gefühlssensationen zu erleben, die in einer rationaliserten Konsumwelt nicht erlebbar sind. Total neu ist dies Phänomen nicht. So schrieb der 1912 mit 25 Jahren gestorbene deutsche Lyriker Georg Heym:

Ach, es ist furchtbar. Es ist immer das gleiche, so langweilig, langweilig. Wenn doch einmal etwas geschehen würde, was nicht diesen faden Geschmack von Alltäglichkeit hinterläßt. Wenn ich mich frage, warum ich bis jetzt gelebt habe: ich wüßte keine Antwort. Nichts wie Quälerei, Leid, Misere aller Art. Geschähe doch einmal etwas! Würden einmal wieder Barrikaden gebaut! Ich wäre der erste, der sich darauf stellte, ich wollte noch mit einer Kugel im Herzen den Rausch der Begeisterung spüren. Sei es nur, daß man einen Krieg begänne, er kann ungerecht sein – dieser Friede ist so faul, so ölig und schmierig wie eine Leimpolitur auf alten Möbeln.

Zit. nach: Der Spiegel 13/81, S. 40

Neu ist nur, daß das heute kein Dichter-Wort mehr ist, sondern daß es grausig praktiziert wird von Jugendlichen in Zürich, in Berlin und Freiburg, nicht aus politischem Wollen heraus, sondern aus Verzweiflung, wie es die »Eidgenössische Kommission für Jugendfragen« den Zürcher Brennern bescheinigt:

»Für die randalierenden Jugendlichen ist Gewalt Ausdruck einer verzweifelten Situation und einer bedrängten Gefühlslage«.

Zit. nach: Der Spiegel 13/81, S. 29

Die Konkretionen des Bösen in der Gesellschaft, Zerstörung elementarer Bedingungen von Menschsein im Namen eben dieser Menschlichkeit, haben psychischen Holocaust zur Folge: Angst, Depression, Gewalttätigkeit.

II. Verarbeitungen und Bewältigungsversuche in verschiedenen Traditionen

Die Realität der Erfahrungen des Bösen zu allen Zeiten hat die Frage nach dem Ursprung des Bösen ausgelöst. Diese Frage ist so alt wie die Geschichte der Menschheit, und die Antworten darauf sind vielfältig und widersprüchlich. Erich Fromm hat sie von seinem Standpunkt als Frage nach dem Wesen des Menschen verstanden:

»Der Mensch – Wolf oder Schaf?
Die Antwort auf diese Fragen ist heute von ausschlaggebender Bedeutung, wo die Nationen zur Vernichtung ihrer ›Feinde‹ den Einsatz gefährlichster Zerstörungswaffen erwägen und sich offenbar nicht einmal durch die Möglichkeit abschrecken lassen, daß sie bei der Massenvernichtung selbst mit untergehen könnten.

Die Frage, ob der Mensch Wolf oder Schaf ist, ist nur die zugespitzte Formulierung einer Frage, die in einem weiteren und allgemeineren Sinn zu den grundlegenden Problemen des theologischen und philosophischen Denkens in der westlichen Welt gehört: Ist der Mensch seinem Wesen nach böse und verderbt, oder ist er seinem Wesen nach gut und fähig, sich zu vervollkommnen?«

E. Fromm, Die Seele des Menschen, 1981, S. 13.

1. *Projektionen des Bösen: Mythen in der Religion*

In »Erfahrungen des Bösen« manifestiert sich ein äußerster Konflikt in doppelter Hinsicht:

- die Beherrschbarkeit der äußeren Natur stößt an eine unüberwindliche Grenze. Was dem Mittelalter eine Pest war, ist der Neuzeit die Nuklear- und Ökologie-Katastrophe. Damit ist das Welt- und Selbstverständnis des Menschen als Vernunft- und Kulturwesen infragegestellt,
- und noch schwergewichtiger:
  der Mensch wird mit sich selbst, mit seiner inneren Natur nicht fertig. Er entdeckt sich als seiner selbst nicht mächtig. Paulus hat das im Römerbrief klassisch formuliert: »Denn das Gute, das ich will, tue ich nicht, sondern das Böse, das ich nicht will, das tue ich« (Röm. 7,19).

Der Mensch will die Welt menschlicher machen und macht sie effektiv unmenschlich. Die Notwendigkeit der Bearbeitung solcher Erfahrungen hat im Laufe der Geschichte eine ganze Palette verschiedenster Lösungsversuche in Gang gesetzt. Wenn man aber Geschichte nicht nur als Bewußtseinsentwicklung begreift, die man nach Art geisteswissenschaftlicher Hermeneutik nachzuzeichnen versucht, von Paulus zu Augustin zu Luther, zu Leibniz zu Konrad Lorenz, sondern als dynamisch-materialistischen Prozeß der Verarbeitung des Konflikts von Triebbedürfnissen und Realtitätsanforderungen, dann gibt es bei Zugrundelegung der psychoanalytischen Theorie S. Freuds grundsätzlich zwei Möglichkeiten der Konfliktbearbeitung: einmal den bewußten Ausgleich zwischen unbewußtem Trieb und Realität, den das Ich leistet und damit dem Realtitätsprinzip Geltung verschafft, oder die Verdrängung des Konflikts ins Unbewußte, der sich dann in neurotischen Störungen, in Projektionen und Rationalisierungen äußert. Die Problemgeschichte der Erfahrungen des Bösen ist voll von neurotischen Projektionen und Rationalisierungen.

Der *Begriff der Projektion,* von Ludwig Feuerbach als erstem verwandt, um religiöse Vorstellungen ihres fälschlich-objektiven Charakters zu entheben und sie als das zu entschleiern, was sie in Wahrheit sind: menschliche Wunschträume, Projektion von unerfüllten Sehnsüchten, wurde von S. Freud als Grundbegriff der Psychopathologie der Neurose ausgebildet und dann auch auf religiöse Vorstellungen angewandt. Unter Projektion versteht Freud zunächst ganz umfassend den Prozeß der Externalisation innerer Wahrnehmungen, von Gefühls- und Denkvorgängen. Er beschreibt das so:

»Wenn wir die Ursachen gewisser Sinnesempfindungen nicht in uns selbst suchen, sondern sie nach außen verlegen, so verdient dieser ... normale Vorgang den Namen Projektion.«[15]

Die psychische Funktion der Projektionsbildung besteht demnach darin, das, was im Innern als zu schmerzhaft erlebt wird, nach außen zu werfen. So sieht Freud im Aberglauben eine pathogene Projektion. Irgendeine Angst treibt einen Menschen um; der Aberglaube, die über den Weg gelaufene Katze bringe ihm Unglück, ist eine Projektion seiner unbewußten Ängste. Auf diese Weise entledigt sich der Leidende seines Problems, er wirft es aus sich heraus und gibt ihm eine äußere objektive Ursache. Die Projektion im psychoanalytischen Sinne ist also eine Verobjektivierung subjektiver Vorgänge zum Zweck der Bewältigung unbewußter Trieberlebnisse. Daß diese Projektion aber keine echte Bewältigung darstellt, sondern ein Verdrängungsvorgang ist, zeigt sich daran, daß die Projektion auf den Projizierenden zurückwirkt, so daß er von seiner eigenen Projektion abhängig wird, als ob sie etwas Objektives wäre. K. Marx hat diesen Projektionsvorgang dann auch auf kollektiver gesellschaftlicher Ebene wiedergefunden bei der Ideologiebildung.

Um »Projektionen des Bösen« handelt es sich bei den Mythen und mythischen Personifizierungen, die den Grund des Bösen außerhalb des Menschen suchen.

Im AT ist der spezifischen Heilsgeschichte Jahwes mit seinem Volk Israel eine Geschichte vom Anfang des Menschen vorangestellt (Gen. 2,4–11), die in den Grundzügen vom Jahwisten (J) stammt. Die Einzelperikopen sind ursprünglich selbständige Erzählungen gewesen, die von J redaktionell bearbeitet und zu einer thematischen Einheit verbunden worden sind. Der Aufriß und die Intention ist deutlich: Am Anfang steht die gute Schöpfung Gottes, die wahrhaft heile Welt, die dann sukzessive durch die Menschen in ein gottfernes Tohuwabohu verwandelt wird. Die Folge sind Strafaktionen Jahwes, die in der Sintflut und der Zerstreuung der Menschen nach dem Turmbau zu Babel gipfeln. Das Gericht Gottes macht aber der Welt kein absolutes Ende, es gibt auch nach der Sintflut einen gnädigen Neuanfang. E. Drewermann hat mit gewissem Recht behauptet, »daß ein Hauptanliegen der J-Urgeschichte darin besteht, zu schildern, wie das ›Böse‹ vom Menschen Besitz ergreift«.[16] Ohne Festlegung auf eine präzise Definition des Mythos kann man sagen, daß es sich bei der jahwistischen Urgeschichte sowohl in ihren Einzeltraditionen als auch in der Gesamtkomposition um aitiologische Mythen handelt, die die Verderbnis der ursprünglich heilen Schöpfung »erklären« wollen. Sie suchen die Ursache des Bösen außerhalb des Menschen, und damit stellen sie kollektive Projektionen dar, die die bedrohende Erfahrung des Bösen externalisieren. Dabei unterstelle ich, daß »das Böse« schon eine mythische Projektion ist, bei der schmerzvolle Erfahrungen von Bösem zu einem Ojektivum »das« Böse oder später dann zu »dem« Bösen herausgeworfen werden. Bei der folgenden Interpretation der Urgeschichte geht es vorrangig um die Frage: Welche Erfahrungen von Bösem stehen hinter den Projektionen, und warum wurde so projiziert.

Gen. 3, 1–24

Diese Perikope, die als Geschichte vom »Sündenfall« theologisch interpretiert wurde, obwohl von »Sünde« in ihr nicht die Rede ist, ist in sich nicht einheitlich, drei Traditionselemente sind aneinandergefügt worden:

- 3,1–7; 23–24 Verführung
- 3,8–13 Die Vertreibung
- 3,14–19 die Verfluchung

Als verbindende Klammer liegt dem Text die Frage zugrunde: Warum ist das Dasein so beschwerlich, so erniedrigend und durch das Sterben so nichtig? Die konkreten Erfahrungen, die zu dieser Frage führen, gehen aus den »Verfluchungen« 3, 14–19 hervor:

- Feindschaft zwischen Mensch und Tier (V 15),
- Beschwerden der Schwangerschaft (V 16),
- Abhängigkeit der Frau vom Mann,
- Härte der Daseinsfristung durch die tägliche Arbeit (V 17a–19a),
- das Sterben der Menschen.

Das alles sind für den Menschen damaliger Zeit qualvolle Erfahrungen, die den Sinn des Lebens bedrohen. So deutlich dieser Erfahrungshintergrund durchschimmert, so verschlungen sind die Projektionen. Demnach lassen sich verschiedene voneinander abheben:

1. Diese Widrigkeiten gehören nicht zum ursprünglichen guten Leben, sie sind Strafen Gottes für Vergehen der Menschen. Das Leben wird als böse erfahren, aber statt einer realistischen Verarbeitung durch das Ich wird eine kollektive Projektion vorgenommen. Wir sind Verfluchte dieser Erde. H. Gunkel hat m. E. mit Recht von den Verfluchungen gesagt: »Sie sind dem Erzähler die Hauptsache.«[17] Man könnte hier von einer masochistischen Projektion reden. Die Realität des Daseins wird nicht akzeptierend verarbeitet, sondern der Mensch wendet sein Geschick projektiv gegen sich, er ist schuld daran und wird für seine Schuld bestraft. Das, was er als Lösungsversuch aus sich heraussetzt, schlägt auf ihn zurück: er muß mit dem bösen Leben leben und dies mit Schuldbewußtsein.
2. Die Frau ist an allem schuld. Sie verführt den Mann; die Schlange – das ist ein exegetisches Problem für sich – spielt dabei eine untergeordnete Rolle. Die Frau ist der Grund des Bösen. Darum wird sie in dreifacher Weise bestraft, mit der Last des Kinderkriegens (V 16a), mit der sexuellen Abhängigkeit (V 16b) und mit der Unterdrückung durch den Mann (»er aber soll dein Herr sein«, V 16b). Dieser Text-Akzent ist nicht anders zu deuten als es die feministische Theologie seit einiger Zeit reklamiert: Hier drückt sich die Angst, das schlechte Gewissen der sich gerade formierenden patriarchalischen Gesellschaft aus, die unter hohem Legitimationsdruck steht.[18] Der J schreibt zur Zeit der Königsherrschaft Salomons (um 950 v. Chr): »Das Nomadenvolk hat sich zu einem staatlichen Gebilde entwickelt. Dieser Prozeß ist von einer Herausbildung hierarchischer Beziehungen zwischen Männern und Frauen bestimmt. Die früheren matriarchalischen Verhält-

Die Frau als verführende Schlange.

nisse werden umgewandelt in patriarchale Herrschaftsverhältnisse.«[19] Dieser Umwandlungsprozeß hat offensichtlich Ängste in der Männergesellschaft ausgelöst, die sich vor allem auf die sexuelle Rolle der Frau beziehen, ihre sexuelle Potenz, ihre Fruchtbarkeit, bedrohen die Grundlagen der Männerherrschaft. Die kollektive Projektion, mit der die patriarchale Gesellschaft dieses Problem lösen will, ist die Diffamierung der Frau. Ein klassischer Fall von »phobischer« Projektion: der Anlaß der Angst wird externalisiert, sie kann im Innern nicht ertragen werden. Projektion als Angst-Abwehrmechanismus. Gen. 3 gibt durchaus noch etwas wieder von dem Erdbeben, den der Umschwung vom Matriarchat zum Patriarchat zur Folge hatte. Da ist noch deutlich die Symbolik matriarchaler Fruchtbarkeitsreligion auszumachen: »Eva, die Mutter aller Lebenden«. Und was macht J daraus? Aus Eva, der Muttergöttin, wird die Sünderin, die an dem Bösen, das in der Welt herrscht, schuld ist. Kaum gibt es eine kollektive Projektion, die so wirksam gewesen ist und die Unterdrükkung der Frau durch die Jahrhunderte hindurch theologisch legitimiert hat, z. B. 1 Tim 2,11–15: »Eine Frau lerne still in aller Unterordnung; zu lehren aber gestatte ich einer Frau nicht, auch nicht sich über den Mann zu erheben, sondern ich gebiete ihr, sich still zu verhalten. Denn Adam wurde zuerst geschaffen, danach Eva. Und Adam wurde nicht verführt, das Weib vielmehr wurde verführt und ist in Übertretung geraten.« Aber auch das Schlangenmotiv stammt aus matriarchaler Zeit. Die Schlange ist ein Symbol der Fruchtbarkeit, ihre Häutungsphasen sind wie die Mondphasen Symbole der Wiedergeburt, dem Zentralmotiv aller matriarchalen Religion.[20] Beim J wird daraus die listige Verführerin, die im Verein mit der Schlange das Böse schafft. Welche schwierigen Umdeutungen männliche Exegeten vornehmen mußten, zeigt die Interpretation von Gerhard v. Rad zu dieser Stelle.

»So versteht er (der J) unter der Schlange gewiß nicht nur die zoologische Species, ... sondern er sieht in ihr zugleich in einer Art geistiger Hellsichtigkeit ein gestaltgewordenes *Böses,* das unerklärlicherweise innerhalb der geschöpflichen Welt *vorhanden* ist, das es gerade auf den Menschen abgesehen hat, ihm auflauert und ihn allenthalben auf Tod und Leben bekämpft. Die Schlange ist ja ein Tier, das vor allen anderen *unheimliche* Eigenschaften verkörpert, in denen es dem Menschen überlegen ist.«

G. von Rad, ATD, S. 61f.

Damit treibt der Exeget die Projektion bis zum neurotischen Symptom: »die Schlange, das gestaltgewordene Böse«.
Der Vorgang ist exemplarisch: die projektiven Rationalisierungen werden immer weiter getrieben. Das »Böse«, ursprünglich ein inneres Angsterleben, wird zu einer äußeren objektiven Macht. Es wird noch zu zeigen sein, wie Augustin diesen Text übersteigert zu einer Lehre von der Erbsünde, die durch sexuellen Umgang »vererbt« wird. Bei ihm ist dann das Sexuelle generell das Böse, und damit werden Jahrhunderte christlicher Sexualfeindlichkeit eingeleitet.

3. Das »Wie-Gott-sein-wollen« ist der Grund des Bösen. Hier verschränken sich in der Komposition des J die Projektionen. Die Angst der Menschen vor dem »Numinosen«, vor der Macht Gottes und seine »Unsicherheit« löst die Projektion aus, wir dürfen nicht »so klug sein wollen wie Gott«, Gutes und Böses weiß der Mensch nicht von sich aus, das ist Gott vorbehalten. Die kindhafte Unsicherheit des Menschen gebiert die Projektion eines autoritären Vatergottes, von dem der Mensch abhängig ist, der ihn aus dem Paradies vertreibt und ihn mit dem Tod bestraft. Damit ist der Ungehorsam des Menschen zum Grund des Bösen erhoben.[21] Kann man hier noch von einer Projektion reden, schließlich wird doch das Böse in die Verantwortung des Menschen verlegt? Schon, aber es bleibt die Fremdverantwortung vor dem Herrschergott. Diese Gottesvorstellung selbst ist die Projektion des Menschen, der mit sich und der Welt nicht zurechtkommt. S. Freud, dessen Religionskritik auf dem Begriff der Projektion basiert, hat es in »Zukunft einer Illusion« so dargestellt:
»Die Aufgabe (sc. der Religion) ist hier eine mehrfache, das schwer bedrohte Selbstgefühl des Menschen verlangt nach Trost, der Welt und dem Leben sollen ihre Schrecken genommen werden, nebenbei will auch die Wißbegierde der Menschen ... eine Antwort haben« – und:
»Die Hilflosigkeit der Menschen bleibt und damit ihre Vatersehnsucht und die Götter.«[22]
Verschiedene Projektionen, aus verschiedenen Leidenssituationen der Menschen geboren, verschränkt der Jahwist zu einem großen Mythos von der Entstehung des Bösen, wobei die Sein-wollen-wie-Gott-Projektion das Leitmotiv abgibt, unter dem die gesamte Urgeschichte steht. Der Ungehorsam des Menschen, seine Selbstüberhebung bringt alle Formen des Bösen hervor, die durch den einmaligen Fall initiiert werden.

»Die Herren der Schöpfung«, Lithographie von A. Paul Weber.

Gen. 4: Kain und Abel
Verschiedene Religionen, verschiedene Kulturen als Kampfsituation der Menschen, die sich gegenseitig töten, sind der Auslöser der mythischen Projektion »Kain hat seinen Bruder Abel getötet.«
Gen. 6–8: Sintflut
Die Natur und die Grausamkeit des Schicksals erschrecken den Menschen. Projektion: Das ist Gottes Gericht über die »Bosheit« der Menschen (Gen. 65). Nur wer »fromm« ist wie Noah, der wird gerettet.
Gen. 11: Turmbau zu Babel
Warum herrscht Zwietracht zwischen den Völkern, warum verstehen sie sich nicht? Projektion: Gott straft die Menschen für ihre Selbstüberhebung, die im Turm zu Babel ein Denkmal gefunden hat. Er zerstört die Menschenwerke, zerstreut die Völker und verwirrt die Sprachen.

Ist das Böse im Menschen? »... ist doch das Trachten des menschlichen Herzens böse von Jugend auf« (Gen. 8,21b). Ja und nein. Der Mythos sieht den Menschen als »böse« an, aber dies ist er nicht aus eigener Einsicht, sondern vor dem Forum Gottes. Und damit entzieht sich der Mensch projektiv der Bearbeitung seiner elementaren Konflikte mit sich sebst, er externalisiert sie, er macht sich zum Schuldigen vor einem übermenschlichen Richterspruch. Aus der masochistischen Schuldprojektion kann ganz leicht die sadistische werden, die anderen sind die Schuldigen, z. B. die Hexen oder die Juden.

Der Teufel

Die jahwistische Urgeschichte – der Jahwist lebte in der Zeit des Königs Salomo, also etwa um 900 v. Chr. – ist das frühe Dokument einer Problematisierung des monotheistischen Glaubens an den einen guten Schöpfer der Welt. Die Urgeschichte macht noch in ihren Projektionen den Menschen für das Böse verantwortlich. Aber die theologische Problematik klingt schon an: Wie kann es in der Schöpfung des einen allmächtigen Gottes Gottwidriges, Böses geben? Die mythische Gestalt des Teufels ist eine – verhängnisvolle – Variante der projizierenden Verarbeitung von Erfahrungen des Bösen. Das Böse wird zur personhaften Gestalt, die einerseits Gott gegenüber keine Absolutheit besitzt und andererseits dem Menschen nicht die Verantwortlichkeit abnimmt.«[23] Sie bekommt im AT den Namen *»Satan«* und hat die Funktion eines *Anklägers*, der die Menschen vor Gott wegen ihrer Schuld anklagt: So im *Hiob-Buch*. Es ist die Geschichte eines wohlhabenden Mannes, dem schwere Prüfungen auferlegt werden. Er verliert seine Herden, seine Knechte, seine Familie, seinen ganzen Besitz, und schließlich wird er selber krank. Dennoch weigert er sich, Gott zu verfluchen: ... »Das Gute nehmen wir von Gott und das Böse sollten wir nicht annehmen?« (Hiob 2,10b) Satan ist es, der von Gott die Erlaubnis bekommt, Hiob zu prüfen: »Da sprach der Herr zu Satan: Wohlan, er ist in deiner Hand! Nur seines Lebens schone!« (Hiob 2,6) Hiob besteht die Prüfungen, er fällt nicht von Gott ab. Das Böse ist durch Glauben überwindbar. Satan ist noch kein Gegengott. Er handelt im Auftrag Gottes.

»Versucher« ohne eigene Macht gegenüber Gott ist der Teufel mit dem griechischen Wort Diabolos = Durcheinanderbringer, Verwirrer übersetzt, auch in den synoptischen Evangelien. Aber der Teufel (Satan/Diabolos) ist hier weniger die Gestalt, die das allgemeine Übel repräsentiert, er vertritt vielmehr die verkehrte Theologie, die jüdische Vorstellung vom Herrscher-Messias. So in der Versuchungsgeschichte, Matth. 4 und Parallelen. Da debattiert der Teufel mit dem Christus über die rechte Bibelauslegung:

– »Bist Du Gottes Sohn, so gebiete, daß diese Steine Brot werden« (Mt 4,4)
– »Bist Du Gottes Sohn, so stürze dich hinab, denn es steht geschrieben ...« (V 6)
– »... Dies alles will ich dir geben, wenn du dich niederwirfst und mich anbetest ...« (V 9)

Die Versuchung für den Christus besteht darin, nicht sein Leiden, seine Menschlichkeit anzunehmen. Jesus entscheidet sich: »Hinweg Satan! Denn es steht geschrieben: Du sollst Gott den Herrn, deinen Gott anbeten und ihm allein dienen« (V 10–11).
Ganz parallel dazu ist auch das Teufelsverständnis im sog. Caesarea-Bekenntnis des Petrus, Mark 8,27–33. Auf das Bekenntnis des Petrus »Du bist der Christus« läßt der Evangelist Jesus seine erste Leidensankündigung sagen, woraufhin Petrus Jesus Vorwürfe macht. Die Antwort Jesu: »Hinweg von mir Satan! Denn du sinnst nicht, was göttlich, sondern was menschlich ist« (V 33) zeigt, wofür der Teufel steht, für den Ungehorsam des Menschen.
Zum quasi Gegengott wird der Teufel erst durch die orientalische Gnosis, eine religiöse Bewegung, die von einem tief pessimistischen Lebensgefühl bestimmt ist, das sich in einem kosmischen Dualismus Ausdruck verschafft: Die Welt ist beherrscht vom Kampf zweier Mächte, dem guten Gott des Lichtes und dem bösen Gott der Finsternis. Von oben kommt der Erlöser und befreit die Glaubenden aus der Macht der Dämonen und des Satans. So: 2. Kor 14,14, wo sich der Satan in einen Engel des Lichts verkleidet. Das Böse, das aus der Wirksamkeit des Satans kommt (2. Thess. 2a), ist die »Lust des Fleisches«: Unzucht, Unkeuschheit, Ausschweifung ... Eifersucht, Zwietracht ... (Gal. 9,19). Damit deutet sich schon an, was die spätere Entwicklung des Christentums so verhängnisvoll bestimmt hat: die »Verteufelung« der Sinnlichkeit, die Sexualität als das Böse schlechthin.
Dennoch, der Teufel ist in der Bibel sehr zurückhaltend beschrieben. Der Glaube an den einen Schöpfer duldet keinen Gegengott. Erst das Mittelalter brauchte den Teufelsglauben als negative Projektion der depressiven Nichtigkeitsgefühle, die der positiven Projektion der Grandiositätsgefühle in dem Gottesbild

Das mittelalterliche Weltbild: Die Kirche zwischen Himmel und Hölle, sie rettet vor dem Bösen.

kontrastierte. Das Mittelalter hat einen zentralen Gedanken: Wie kann die Seele vor der Verdammnis gerettet werden, in die der Teufel sie hineinreißen will. Die Kirche mit ihren Sakramenten ist das Tor zur himmlischen Welt, sie rettet vor dem Grauen der Hölle.

Je verklärter das Bild Gottes wurde, um so finsterer, geheimnisvoller wurde das Bild des Teufels. Mittelalterliche Maler statteten den Teufel mit immer gräßlicheren Fratzen aus.

Dabei nimmt die Identifizierung des Teuflischen mit dem Sinnlichen immer deutlichere Konturen an. So beschreibt K. M. Michel das mittelalterliche Lebensverständnis:

Kurz, der Mönch, der Mensch jener Zeit ist ein Spielball böser Geister, die ihn verderben wollen. (Die guten, die mit ihnen um seine Seele ringen, bleiben merkwürdig blaß und lahm, das macht, sie bemühen sich nur um seine Seele, die bösen aber um sein Fleisch.) Die christliche Lehre sagt: alle Fleischeslust ist sündhaft, ist des Teufels. Deshalb wird nun das Sündhafte, die verbotene Sinnlichkeit, in Teufelsgestalt evoziert, ausgeschmückt, genossen und – das ist der Trick – zugleich dem Teufel angelastet, schlimmstenfalls dem Teuflischen im Menschen, d. h. seinem Leib, nicht seiner Seele: die Seele bleibt rein und fromm, das Böse kommt ja von außen.

K. M. Michel, Schön sinnlich, in: Kursbuch Nr. 49/1977, S. 12

Die adamitische Sekte der »Brüder und Schwestern des Freien Geistes« im 15. Jdt. drehen die Wertung um. Für sie ist die Sinnlichkeit die Inkorporation des hl. Geistes.

Als 1411 ein Mitglied der Sekte vor das bischöfliche Gericht zu Kammrijk gestellt wurde, lautete der Hauptanklagepunkt:

»Ingleichen schufen sie untereinander eine eigene Ausdrucksweise, worin sie den Akt geschlechtlicher Vereinigung ›Freude des Paradieses‹ oder mit einem anderen Namen ›Weg zur Höhe‹ nennen. Und derart sprechen sie von solch wollüstigem Akt zu andern, die es nicht verstehen, in gutem Sinn … Ingleichen gibt es eine Alte …, die öffentlich erklärte, auch außerhalb der Ehe gäbe es einen sündlosen Geschlechtsverkehr. Dieser sei eine rein natürliche Angelegenheit, wie Essen und Trinken …«

K. M. Michel, Schön sinnlich, S. 12

Nach einer These von W. Fraenger[24] illustrieren die Gemälde von H. Bosch wie »der Garten der Lüste« die Auffassungen der Sekte. Der »Garten der Lüste« ist das Paradies und nicht die Hölle. Die Projektion des Teufels als des Verursachers der Sinnlichkeit hat dem mittelalterlichen Menschen ermöglicht, die

»Gesetz und Gnade«. Gemälde der Cranach-Werkstatt.

Sinnlichkeit zu genießen – das Mittelalter war genuß- und sinnenfreudig – ohne für sie verantwortlich zu sein.
Ganz anders der Protestantismus und in seinem Gefolge die Aufklärung. Der Teufel sitzt nicht im Fleisch, sondern in der Seele. Für Luther ist er »eine den Menschen unmittelbar beeinflussende personhafte Macht, die Ursprung und Urheber, ja alles Übels in der Welt ist ...«[25] In »de servo arbitrio«, »vom unfreien Willen«, sieht Luther den Menschen als Pferd, das immer einen Reiter hat, entweder Gott oder den Teufel. Der Teufel aber ist durch Christus besiegt, er hat für den gerechtfertigten Sünder keine Macht mehr. Das Bild aus der Cranach-Werkstatt (S. 31) stellt Sündenfall und Auferstehung gegenüber. Der Vergleich mit dem mittelalterlichen Bild macht den Unterschied katholischer und reformatorischer Theologie deutlich.

»Wenn der Teufel aber – unter protestantischem Einfluß – nur noch ›in der Seele wohnt‹, ist es um seine Funktion als Filter/Verstärker der Sinnlichkeit bald geschehen; er dient dann nur noch als Metapher oder als Begriff, Prinzip, Idee des Bösen, die der Idee des Guten abstrakt gegenübergestellt wird.«

K. M. Michel, Schön sinnlich ..., S. 14

Für die katholische Kirche ist der Teufelsglaube fester Bestandteil der Lehre. Papst Paul VI. hat 1972 in einer Audienz-Ansprache die »Abwehr jenes Bösen, das wir den Teufel nennen« als die dringendste Aufgabe der Kirche bezeichnet.[26]
Das theologische Dilemma hat der Bischof von Regensburg 1976 bei einer Predigt in Altötting ausgedrückt:

»Wenn es den Bösen nicht gibt, dann steckt das Böse ganz im Menschen. Dann ist der Mensch allein verantwortlich für die abgrundtiefe Schlechtigkeit, Bosheit, Gemeinheit und Grausamkeit, dann ist er allein schuldig an den Morden im Archipel Gulag und an den Gaskammern von Auschwitz, an den unmenschlichen Folterungen und Qualen. Dann aber entsteht die Frage: Kann Gott den Menschen als ein solches Scheusal erschaffen haben? Nein, das kann Gott nicht, denn er ist Güte und Liebe. Wenn es keinen Teufel gibt, dann gibt es auch keinen Gott.«

Zit. nach: H. Haag, Vor dem Bösen ratlos?, S. 246

Die Projektion »Teufel« als Verursacher des Bösen bewahrt vor der unangenehmen Erkenntnis der Selbstverantwortlichkeit, gleichzeitig verhindert sie auch die ernsthafte Arbeit des Menschen an sich selbst. Zum Überfluß wird dieser Widerspruch dann auch noch in die theologische Theorie übertragen, die ihrerseits als Ideologie von der Abhängigkeit des Menschen fungiert. Der Teufel ist nötig, weil der Mensch sich nicht als Mensch real annehmen kann.

Hexen

Der Hexenglaube ist nicht eine Erfindung der katholischen Kirche des Mittelalters – es hat schon bei den Babyloniern, Assyrern und Römern die Vorstellung gegeben, daß Frauen durch Zauberei und schwarze Magie Unheil und Verderben heraufbeschwören konnten – aber die Hexe als Symbolfigur des Bösen ist seit dem 13. Jh. von der mittelalterlichen Kirche zur Ursache allen Übels gestempelt worden mit allen schrecklichen Folgen der Hexenverfolgung und Vernichtung.
Symbol des Bösen waren die Hexen durchaus nicht immer gewesen. In den Fruchtbarkeitskulten des Matriarchats gab es »weise Frauen«, die die Heilkunst verstanden, Kräutersammlerinnen waren, die Hebammenkunst ausübten und durch Magie und Zauberspruch Krankheiten heilen konnten. Noch im frühen Mittelalter waren viele Frauen Ärztinnen und Hebammen, denen Weisheit und übernatürliche Kräfte zugesprochen wurden. Jules Michelet schreibt in seiner Hexenhistorie von 1861:

»Tausend Jahre hindurch war die Hexe der einzige Arzt des Volkes. Die Kaiser, Könige und Päpste, die reichen Barone hatten einige Doktoren ..., aber die Masse des gesamten Staates, ja man könnte sagen die Welt fragt nur die Saga oder kluge Frau um Rat; wenn sie nicht heilte, beschimpfte man sie und nannte sie Hexe.« Saga

G. Michelet, Die Hexe, 1863

Zum Symbol des Bösen wurde die Hexe erst durch die Verbindung mit dem Teufelsglauben:

»Der Teufelspakt wird zum ersten Mal als Vorwurf urkundlich erwähnt in dem Prozeß gegen die friesischen Bauern der Landschaft Stedingen im Jahre 1234.
Die Teufelsbuhlschaft taucht zum ersten Mal in einer Quelle auf beim Prozeß gegen den Orden der Tempelritter (1309).
Das Fest auf dem Sabbat und die dahinführende Luftfahrt erscheint 1335 in einem Toulouser Ketzerprozeß.«

Th. Hauschild u. a., Hexen, S. 39

Dabei ist die sexuelle Seite des Hexenglaubens überdeutlich. Typisches Beispiel dafür ist der Mythos vom Hexensabbat, wie er auf vielen Bildern dargestellt worden ist. Zu einem orgiastischen

Fest auf dem Blocksberg kommen die Hexen mit dem Teufel zusammen. Sie reiten auf Besen und Ziegenböcken durch die Luft, sie tanzen Reigentänze nackt in Umarmung mit dem Teufel. Im Mittelpunkt des Treibens stand oder saß der Teufel oft als Bock gezeigt, dem Symbol tierischer Geilheit, und nahm die Huldigung der Hexen entgegen, die ihm den Hintern küßten.
Bei dem Fest auf dem Blocksberg wurden von den Hexen alle die Dinge getan, die von der Kirche als Sünde verurteilt wurden: Übermäßiger Genuß von Alkohol, ausschweifende Sexualität, orgiastisches Festtreiben. Die Hexe, das war das abschreckende Bild einer geilen, wollüstigen Frau. Bei den Folterungen wurde sie von männlichen Folterknechten in allen Einzelheiten verhört, wie es gewesen sei beim obszönen Treiben mit dem Teufel.
Der Kupferstich von Hans Baldung Grien läßt deutlich erkennen, daß die Hexe als sinnliche Frau gesehen wurde.
Der Projektionscharakter dieser Sicht ist deutlich: Die verdrängte Sexualität, die als Ursprung alles Bösen gesehen wird, schafft sich in der Hexe ein projektives Symbol. Die Ängste der die Welt beherrschenden Männer vor der unerschöpflichen sexuellen Potenz der Frau schaffen sich in der Verteufelung der Frau als Hexe ein Ventil. Wirksam ist diese Projektion aber nur in einer weiteren Verbindung. Die Frauen sind auch die, die für die Ketzerei, den Glaubensabfall besonders anfällig sind. In dem berühmten »Hexenhammer« von 1487 mit dem Titel »Malleus Malefiearum« (Unholdinnen-Hammer), die zusammen mit der »Hexenbulle« des Papstes Innozenz VIII. durch den gerade erfundenen Buchdruck überall Verbreitung findet, wird dieser Zusammenhang aufgestellt. Die Frau ist die, die weniger glaubt.
»Also schlecht ist das Weib von Natur, da es schneller am Glauben zweifelt, ... was die Grundlage für die Hexerei ist.« Die Tradition der Urgeschichte, Eva als die Urheberin der Sünde darzustellen, wird hier zur schrecklichen Praxis der Verfolgung des projizierten Sündenbocks. Nach neuen Schätzungen sind bis ins 18. Jdt. hinein mehrere Millionen Frauen in gräßlichen Verfolgungen zu Tode gefoltert, verbrannt, erdrosselt, ertränkt worden. Die Angst vor dem Bösen tobt sich in diesem Wahn aus. Alles wurde den Hexen angelastet, was es an Erfahrung des Bösen im Mittelalter gab: Krankheit, Sterben, Pest, Hungersnot, Gotteslästerung und Teufelsbuhlschaft.
»Der Hexenhammer war der Anfang einer Anschauung gewesen, die die Frau als Übel in der Welt darstellte und sie zur Hexe machte. Seitdem lag es nahe, zuerst Frauen als Hexen anzuklagen.«[27]

»Drei Hexen beim Einsalben«. Hans Baldung Grien, 1514.

2. *Verdrängungen und Rationalisierungen des Bösen: Die großen Denker in Philosophie und Theologie*

Die Versuche, Erfahrungen des Bösen reflektierend, denkend zu bewältigen, kreisen um die Pole:
- monistisches-dualistisches Weltverständnis
- optimistisches-pessimistisches Lebensgefühl
- autonomes-heteronomes Menschenverständnis
- Freiheit-Determinierung des Menschen

Die philosophischen Systeme suchen gemäß ihren Ansätzen die Lösung mehr in monistischen, die christlich-theologischen mehr in dualistischen Weltansichten.

Für die Antike ist mindestens seit *Sokrates* und *Platon* eine intellektualistische und monistische Weltsicht typisch. Die Welt, das ist der Kosmos (griech.) in dem alles eine gute, vernünftige Ordnung hat und alles letztlich schön und gerecht ist.

Die Theorie, das ist die Schau, setzt sich die Aufgabe, diese verborgene schöne Ordnung zu entdecken. H. P. Schmidt beschreibt dieses antike Weltverständnis so:

»Im Horizont des griechischen Kosmos-Vertrauens war alles kata kosmon, das heißt: ›Dem Kosmos gemäß‹: die kunstvolle Anordnung eines Gartens, der Aufbau einer wohlgelungenen Erzählung, die Rechts- und Heeresordnung, die innere Verfassung eines wohlgeratenen Menschen. Es ist ein und dieselbe Wohlordnung, welche Himmel und Erde und Götter und Menschen zusammenhält. Und sie erscheint in aller Klarheit im regelmäßigen Umlauf der Himmelskörper, besonders der Sonne, durch deren Umlauf sich Tag und Nacht und die Folge der Jahreszeiten bestimmen und durch die alles irdische Leben bedingt ist. Die Kosmologie der frühen griechischen Denker blieb die Voraussetzung der Bemühungen um eine sittliche Gestaltung des Lebens.«

H. P. Schmidt, S. 56f.

In einer so erlebten Welt ist für das Böse kein Platz, oder richtiger gesagt, die Erfahrungen des Bösen, die natürlich nicht ausbleiben können, werden verdrängt bzw. bagatellisiert. Für die antike Philosophie »besteht das Böse ... in einer Unvollkommenheit. Es ist ein Mangel und Defekt, eine unvollkommene und fehlende Teilhabe an der immer gleichen, zeitunabhängigen Vernunft.«[28] Das irrational Böse wird zu einem zeitweiligen Defekt rationalisiert. Die *Stoa* hatte mit dieser harmonistischen Weltsicht ihre Schwierigkeiten. Sie verlegt die Lösung in den Menschen. Der stoische Weise verhält sich gegenüber dem Übel und Bösen gelassen und fügt sich freiwillig in alles: Der verständige Hund krabbelt zufrieden hinter dem Wagen her, an den er angebunden ist, der dumme läßt sich jaulend mitschleifen.[29] An der grundsätzlichen Wohlgeordnetheit der Welt zweifelt der stoische Weise aber keineswegs.

Aber die Irritationen nehmen zu. Der gnostische Dualismus mit seinem pessimistischen Weltgefühl signalisiert die Wende, die der *Neuplatonismus* dann auf den Begriff bringt. Das unübersehbare Böse wird jetzt in einer dualistischen Metaphysik aufgehoben. »Das Irdisch-Vergängliche wird als unvollkommener Abglanz des guten, unveränderlichen göttlichen Seins«[30] verstanden. Die Wurzel des Bösen liegt im Irdischen. Über *Augustin* ist die neuplatonische Philosophie in die christl. Theologie eingedrungen.

Er hat den Niedergang Roms erlebt und die Lage des Menschen mit der eines Todkranken verglichen, »der zwar durch Zerstreuung, Rausch, Lebens- und Machtgier die Misere (miseria) und Zerbrechlichkeit (fragilitas) seines Lebens zu überspielen und den unaufhaltsamen Lauf zum Tod (cursus ad mortem) zu verdrängen suche, aber mit all seinen Bemühungen zum Scheitern verurteilt sei ... Mensch und Welt waren nach Augustins Überzeugung unaufhaltsam der Sünde verfallen. Wie konnte es in Gottes guter Schöpfung soweit kommen?«[31]

Die Antwort Augustins auf die Frage war seine *Lehre von der Erbsünde*. Durch Adams Fall ist die Sünde in die Welt gekommen und vererbt sich durch das sexuelle Begehren bei allen Menschen. Das leibliche Dasein, die Körperlichkeit mit ihrer Begierde ist der Zustand der Gottesferne.

Die geschichtlichen Erfahrungen, der neuplatonische Dualismus und die Theologie gehen bei Augustin eine Verbindung ein, die nicht nur für das Mittelalter, sondern für die ganze Christentumsgeschichte verhängnisvolle Folgen hatte.

»Das irdische Leben wurde von Augustin als ein Durchzug durch die Fremde auf dem Heimweg zu Gott verstanden. Die ganze Welt erschien als Babylon, als ein Gefängnis, aus dem es auszuziehen galt.«[32] Stärkster Ausdruck dieser Gefangenheit ist die Erbsünde, das durch das sexuelle Begehren fortgesetzte Gottlossein. Augustin hat die für den mittelalterlichen Hexenglauben charakteristische Identifizierung von Sexualität mit Sünde und dem Bösen auf den theologischen Begriff gebracht.

Es brauchte bis zur Renaissance, bis dieser »Sündenkomplex« sich auflöste und gegen die Übermächtigkeit des Bösen die produktive Möglichkeit des Menschen gesetzt wurde. Der letzte klassische Versuch, das Böse in ein vernünftiges Weltsystem harmonistisch zu integrieren, wurde von *G. W. Leibniz*

(1646–1717) unternommen. Welche Funktion hat das Böse in »der besten aller Welten«? In seinen »Essais de Theodicé« von 1710 macht Leibniz die Frage nach dem Bösen zu einem systemlogischen Problem. Da Gott der Welt eine vollkommene Ordnung gegeben hat, ist das Böse Privation, Fehlen des Vollkommenen. Wenn es Gott gibt, muß es auch das Böse geben. Wenn diese Welt nicht die beste von allen möglichen wäre, hätte Gott die beste Welt nicht erschaffen können, das widerspricht seiner Allweisheit und seiner All-Macht. Der gewaltige Widerhall seiner »Theodizee« ist heute kaum begreifbar. Es war wohl die Wunschprojektion der durch den Dreißigjährigen Krieg erschütterten Menschen nach Harmonie und Einheit, die sich hier ausdrückte.

Für *Friedrich Schiller* wurde der Fall Adams zum »Übergang des Menschen zur Freiheit und Humanität« wie er 1790 in »Etwas über die erste Menschengesellschaft nach dem Leitfaden der mosaischen Urkunde« schrieb.

Wieder ist das Pendel umgeschlagen. Die Idee vom autonomen Menschen bestimmt die Geistesgeschichte, die politische Geschichte bleibt das Feld der Erfahrungen des Bösen. Die *Französische Revolution* mit ihrem Programm »Freiheit, Gleichheit, Brüderlichkeit« gibt das Signal für den Ausgang aus der »selbstverschuldeten Unmündigkeit« des Menschen, zugleich aber bietet sie das Bild gräßlicher Auswüchse des Bösen mit blutigen Kriegen, Verfolgungen und Morden. Diesen Widerspruch aufzulösen unternimmt *Immanuel Kant.* Nach H. P. Schmidt sind in Kants Lehre vom »radikal Bösen« der griechische, also der optimistisch-harmonische und der christlich-jüdische, also pessimistisch-metaphysische Traditionsstrom »erneut miteinander verschmolzen.«[33]

Kant setzt sich von dem naiven Fortschrittsglauben der Aufklärung ab, wenn er in seiner Schrift »Religion innerhalb der Grenzen der blossen Vernunft« von 1793 unter der Kapitelüberschrift »Über das radikal Böse in der menschlichen Natur« die »heroische Meinung« zurückweist, »daß die Welt ... vom Schlechten zum Besseren fortrücke« und daß dies in der menschlichen Natur angelegt sei.[34]

Kants These dagegen ist: Der Mensch ist »von Natur böse«. Aber nicht die Natur ist daran schuld, sondern der Mensch selbst ist Urheber des Bösen.

»Der Satz: der Mensch ist böse, kann nach dem obigen nichts anders sagen wollen als: er ist sich des moralischen Gesetzes bewußt und hat doch die (gelegenheitliche) Abweichung von demselben in seine Maxime

aufgenommen. Er ist von Natur aus böse, heißt so viel als: dieses gilt von ihm in seiner Gattung betrachtet (...)
Was der Mensch im moralischen Sinne ist oder werden soll, gut oder böse, dazu muß er sich selbst machen oder gemacht haben. Beides muß eine Wirkung seiner freien Willkür sein; denn sonst könnte es ihm nicht zugerechnet werden, folglich er weder moralisch gut noch böse sein.«
(B 27, 36 und 49)

H. P. Schmidt interpretiert Kants Lehre vom radikalen Bösen so:

»Wie nach jüdisch-christlicher Erfahrung alle Sünden auf die eine Sünde zurückgehen, daß Menschen das Verhältnis zu Gott verfehlen, und von dieser einen Sünde alle Menschen betroffen sind, so sind nach Kants Lehre vom ›radikalen Bösen‹ alle bösen Handlungen und alle bösen Maximen auf eine einzige Wurzel zurückzuführen. Das Böse konnte seinen Ursprung nicht in einer außermenschlichen, ihm vorausgehenden Ursache haben, sondern nur im Menschen, in Adam, selbst. Jeder kann sich seiner Freiheit nur bewußt werden, wenn er sich zu beidem bekennt: zu seiner Pflicht zum Guten und zu seinem ›Hang zum Bösen‹ (B 20ff.).«

H. P. Schmidt, S. 80

Auch das Denken vollzieht sich nicht unabhängig von den geschichtlichen Erfahrungen. Philosophische und theologische Systeme stellen eine Antwort auf die Herausforderung ihrer Zeit dar. Selten ist das so deutlich wie bei dem Vergleich der Positionen zum Problem des Bösen durch die Philosophie- und Theologiegeschichte hindurch, wo geschichtliche Phasen des Wohlergehens mit Phasen der Krise und des Untergangs wechseln. Aber Denken ist auch nicht unabhängig von den psychischen Bedürfnissen und Konflikten der Menschen.
Die geschichtlichen Erfahrungen des Bösen, Kriege, Krankheiten, Hungersnöte, lösen verständlicherweise eher Versuche der Verdrängung und Rationalisierung als realitätsgerechte Verarbeitungen aus. Die Denksysteme liefern sehr oft dafür die ideologischen Legitimationen.

3. *Verharmlosungen und Neutralisierungen des Bösen: »Aggression« in den Humanwissenschaften*

Zwischen den mythischen Bildern einerseits, den Reflexionen der Philosophen und Theologen andererseits und den Erklärungen der empirischen Sozialwissenschaften zum Problem des

Bösen besteht ein qualitativer Sprung: der Sprung von der Metaphysik zur Empirie. Das Geheimnis des Bösen, unerklärliche Macht, die zu bannen elementares Bedürfnis war und mit der doch gelebt werden mußte, verwandelte sich in der Moderne in ein erklärbares Natur- und Sozialphänomen. Ist eigentlich noch der gleiche Sachverhalt gemeint, wenn die Alten vom Teufel redeten und heutige Wissenschaft von Aggression spricht? Es bleibt dabei die Frage nach dem Grund von Destruktivität, Gewalt und Krieg, die Frage nach dem Bösen ist akuter denn je. Freilich der Grund wird im Menschen selber gesucht, in seiner Aggressivität, und nicht in einer äußeren Verursachung. Kant hatte die philosophische Begründung geliefert mit seiner These: Böses ist selbstverschuldete Unmoral des Menschen. Für die modernen Humanwissenschaften ist das Böse allerdings weder eine Frage der Metaphysik noch der Moral, sondern der biologischen und psychischen Konstitution des Menschen. Ist damit die realitätsgerechte Verarbeitung der Erfahrungen des Bösen eingeleitet? Sieht sich jetzt der Mensch endlich, so wie er ist, befreit von den Illusionen der Mythologie und der Metaphysik? Auch die Erfahrungswissenschaften haben ihre Art der Verdrängung von Unangenehmem. Für den Verhaltensforscher Konrad Lorenz existiert nur noch »das sogenannte Böse«. Das Böse zu einem puren Naturphänomen zu stempeln, ist grandiose Verharmlosung eines Problems, an dem die Menschheit kaputtzugehen droht. Genau dies aber scheint für viele Entlastung zu bedeuten, nicht verantwortlich zu sein für die Greuel, die Menschen an Menschen begehen, sonst hätte K. Lorenz' These von der Natürlichkeit der Aggression nicht solchen Widerhall gefunden. Die Theologie hat gerade hier eine notwendige Funktion, auf ihre Weise gegen alle Verharmlosungen und Neutralisierungen die Radikalität und die Unerklärlichkeit des Bösen hervorzuheben, wenn sie das Böse als eine zerstörerische Macht ansieht, die sich gegen den Menschen richtet.

Wie stellt sich das Böse dar, wenn die Humanwissenschaften es im Menschen selber suchen?

Die *Instinkttheorie:* »Das aggressive Verhalten des Menschen, wie es sich in Krieg, Verbrechen, persönlichen Streitigkeiten und in allen Arten destruktiven und sadistischen Verhaltens manifestiert, entspringt einem phylogenetisch programmierten, angeborenen Instinkt, der sich zu entladen sucht und auf den geeigneten Anlaß wartet, sich Ausdruck zu verschaffen.«[35]

So faßt E. Fromm die verbreitetste Theorie der Ursache von Aggressivität zusammen, zu deren Vertreter S. Freud, K. Lorenz, I. Eibl-Eibesfeld u. a. gehören. Dieser Theorie liegt das sog. Energie-Modell zugrunde. Aggressivität ist eine im Menschen sich unaufhörlich erneuernde Energie, die nach dem Prinzip der Hydraulik auf Entladung drängt. Diese ständig fließende Quelle aggressiver Energie ist für alle Akte der zerstörerischen Gewalt verantwortlich im individuellen wie im kollektiven Sinne.

S. Freud hatte 1920, ganz sicher durch das Schockerlebnis des Ersten Weltkrieges mit ausgelöst, von einem »Todestrieb« gesprochen, den er als einen Trieb zum Hassen, Vernichten und Zerstören ansah. Mit der Annahme eines solchen Todestriebes, die er erstmalig in seiner Schrift »Jenseits des Lustprinzips« begründete, hatte Freud eine fundamentale Revision seiner bisherigen Triebtheorie vorgenommen. Ursprünglich hat Freud nur eine einzige Triebkombination als den Motor menschlicher Geschichte angesehen, den Selbsterhaltungstrieb und den Sexualtrieb, die Libido. Die Aggressivität war für ihn kein eigener Trieb, sondern wechselnder Bestandteil der Lebenstriebe. Mit der 1920 erfolgten Revision seiner Triebtheorie postuliert er die Dichothomie von Lebenstrieb (Eros) und Todestrieb, deren Funktion er 1930 in »das Unbehagen in der Kultur« so beschreibt:

»... zog ich den Schluß, es müsse außer dem Trieb, die lebende Substanz zu erhalten und zu immer größeren Einheiten zusammenzufassen, einen anderen, ihm gegensätzlichen geben, der diese Einheiten aufzulösen und in den uranfänglichen anorganischen Zustand zurückzuführen strebe. Also außer dem Eros einen Todestrieb.«[36]

Der Mensch war also nach Freud das Schlachtfeld zweier entgegengesetzter Triebe, des Lebens- und des Todestriebs. In seinem berühmten Briefwechsel mit Albert Einstein aus dem Jahr 1932, in dem es um die Frage der Verhinderung von Krieg ging, betonte er die instinktmäßigen Grundlagen des menschlichen Zerstörungsdrangs und hielt Versuche, ihn abzubauen, für fruchtlos.[37]

Die Schüler Freuds sind ihm in diesem Punkt mehrheitlich nicht gefolgt, so daß die Freudsche Todestrieb-Theorie als umstritten zu gelten hat.

Für *K. Lorenz,* der völlig anders als Freud von der vergleichenden Tier-Verhaltensforschung (Ethologie) sich dem Problem der Aggressivität zuwendet, ist Aggression bei Tieren wie bei Menschen ein angeborener Trieb, der der Arterhaltung dient, also von seiner Funktion her notwendig und sinnvoll ist. Die sich im Organismus stauende aggressive Energie explodiert, wenn ein bestimmter Auslösereiz vorhanden ist. Sie kann nicht unterbunden, nur umgeleitet werden. Darum empfiehlt Lorenz denn auch Sport und Spiele als Aggressionsabfuhr, die verhindern soll, daß Aggression zerstörerisch wirkt. Die Instinkttheorie von K. Lorenz ist nichts anderes als eine Differenzierung der Evolutionstheorie von Ch. Darwin und seinem »Kampf ums Dasein« als natürlichem Ausleseprinzip. Die »Panne« der Natur besteht nur leider darin, daß die Tiere bei ihrer intraspezifischen (innerhalb der eigenen Art) Aggression eine Tötungshemmung haben, während sie beim Menschen ausgefallen ist. Der Mensch ist die einzige Spezies, die zu Mord, zu Lust am Quälen und zur Selbstzerstörung fähig ist. Darum ist der biologistische Ansatz von Lorenz für seine Graugänse zutreffend, aber nicht für den Menschen, dessen »Einzigartiges ... ist, daß er von Impulsen zu morden und zu quälen, getrieben werden kann, und daß er dabei Lustgefühle empfindet,«[38] wie E. Fromm mit Recht gegen Lorenz einwendet.

Die *Frustrationstheorie* (Dollard/Miller u. a. 1939/1971) »nimmt an, daß durch eine Frustration aggressive Spannungen erzeugt werden, die sich nur durch aggressive Handlungen wieder abbauen lassen«.[39] Danach ist Aggression kein autonomer Trieb, der im Organismus entsteht, sondern die Reaktion auf eine Frustration, Enttäuschung, Kränkung, soziale Depravierung, Mißerfolg. Die Quelle der Destruktivität läge also nicht im Menschen, sondern in den frustrierenden Verhältnissen außerhalb, auf die aggressiv reagiert wird. In der utopischen Endkonsequenz hieße dies, durch die Beseitigung der großen sozialen Mißstände, die kollektive Beschädigungen und frustrierende Zustände hervorrufen, könnte das Aggressionspotential in Gesellschaften und damit die Quelle für Böses reduziert werden. Im Prinzip ist dies die Vision der Marxschen Gesellschaftsveränderung. Freilich darf nicht übersehen werden, daß es Aggression durchaus auch ohne Frustration gibt. Die Theorie erklärt nur partiell die Entstehungsursachen von Destruktivität.

Die soziale Lerntheorie fügt einen anderen wichtigen Teilaspekt hinzu. Aggression wird gelernt, und zwar in erster Linie durch Vorbild-Beobachtung. Albert Bandura hat durch Untersuchungen nachgewiesen, daß Kinder mit dem Anschauen eines Films, in dem Gewalttätigkeiten mit positiver Bestätigung gezeigt wurden, zu aggressiven Handlungen motiviert waren, Jungen mehr als Mädchen. Das heißt: aggressive Handlungen werden begangen als Abreaktionen von Spannungen, wenn dies an Vorbildern gelernt worden ist. Es ist durch eine Fülle von Untersuchungen längst erwiesen, daß der Fernsehkonsum von Kindern und Jugendlichen mit der Fülle von Gewaltdarstellungen auch in Kindern zugänglicher Sendezeit eine deutliche Erhöhung der Aggressionsbereitschaft bzw. Nachahmung von Gewalttätigkeiten zur Folge hat. Der Medienforscher H. Heinrichs hat schon vor Jahren 80 Fernseh-Tote einer Programmwoche als Durchschnitt ausgemacht. Die immer noch verharmloste Gefahr, die durch erhöhten Fernsehkonsum droht, geht in zwei Richtungen: erstens breitet sich erhöhte Aggressionsbereitschaft aus, das Prügeln geht schon im Kindergarten los, zweitens sinkt deutlich die Hemmschwelle gegenüber Grausamkeiten, sowohl im aktiven Sinne, daß sie als etwas Normales angesehen werden, als auch im passiven Sinne, daß aggressives Verhalten von anderen hingenommen wird, ohne sich zu wehren. Daß dieser belegbare Zusammenhang nicht alarmierend wirkt, statt dessen uns durch Verkabelungsprojekte noch eine Ausweitung der Gewaltdarstellung per TV ins Haus steht, ist nur durch zwei Faktoren erklärbar. Einmal setzt das Fernsehen eine ungeheure Summe Geld in Bewegung, zum anderen scheint die Flut gewalttätiger Darstellungen in der Sicht der Programm-Verantwortlichen so etwas wie eine Stellvertreterfunktion zu haben. Dem in funktionalen Zwängen eingespannten Bürger sollen Möglichkeiten von emotionalen Sensationen und stellvertretender Aggressionsabfuhr geboten werden. Was im Mittelalter die Hexenverfolgung war, ist dem zivilisierten Menschen des 20. Jh.s die Horrorszene in Film und Fernsehen: Projektionsangebot für die Bewältigung der alltäglichen Erfahrungen des Bösen mit doppelter Wirkung: die Rücksichtslosen und Gewalttätigen sind die Bösen, die Sündenböcke für alle gesellschaftlichen Übel, und gleichzeitig wird eine Identifizierung ermöglicht; die tun das, was man gerne tun würde. Und da ja auch in der Medien-Horror-Welt sex and crime eine feste Verbindung eingeht, ist die Parallele zum mittelalterlichen Hexenphänomen komplett. Allerdings ist dieser Zusammenhang nur unter einer Bedingung plausibel, auf die *E. Fromm* in seiner Arbeit *»Anatomie der menschlichen Destruktivität«* von seinem psychoanalytischen Ansatz her aufmerksam gemacht hat: Die Fernseh-Gewalttätigen können nur deshalb Projektionen des Bösen sein, weil eine Charakterdisposition bei einer Mehrheit von Menschen vorliegt, die an Unterdrückung und Herrschaft bis hin zur Gewalt Lust-Befriedigung empfindet.

Die These, die *Erich Fromm* vertritt, lautet: Die bösartige Aggression, aus der Destruktivität, Grausamkeiten aller Art und Gewalt herrühren, kommt aus dem sadistischen Charakter.

Als nützlich erweist sich E. Fromms Unterscheidung zwischen »gutartiger« und »bösartiger« Aggression. Die gutartige Aggression dient der Lebenserhaltung, Verteidigung, Durchsetzung, Kampf um die Nahrung, die bösartige Aggression ist eine Eigenart der Spezies Mensch, sie verfolgt kein lebenserhaltendes Ziel, sie tötet aus Lust am Töten, sie fügt Grausamkeiten zu aus Freude am Schmerzbereiten. Fromms Kritik an der Instinkttheorie von Lorenz besteht darin, daß sie alle Aggressionsarten in einen Topf wirft und für angeboren erklärt. Ob allerdings der Ausdruck »gutartig« glücklich ist, ist die Frage, denn auch Aggression um der Lebenserhaltung willen kann töten und Gewalt anwenden. Besser wäre von biologisch-instinktbedingter Aggression zu reden und von kultur-charakterbedingter.

Den Charakter-Begriff übernimmt Fromm von Freud, nicht ohne ihn in seine humanistische Ideologie einzuordnen. Er definiert ihn so: »Der Charakter ist die spezifische Struktur, in der die menschliche Energie organisiert ist, damit der Mensch seine Ziele verfolgen kann.«[40] Auch hier unterscheidet Fromm zwei generelle Charaktertypen:

»*Der ausbeuterisch-sadistische Charakter* wird von seiner Leidenschaft getrieben, die anderen auszubeuten, der sadistische Charakter von der Leidenschaft, sie zu beherrschen. *Der liebend-produktive Charakter* kann nicht anders als danach streben, andere zu lieben und mit ihnen zu teilen.«[41]

Von daher zieht Fromm den Schluß:

»Die destruktiven und sadistischen Leidenschaften in einem Menschen sind gewöhnlich in seinem Charaktersystem organisiert ... Bei diesem Menschentyp ist ein sadistischer Impuls ständig aktiv und wartet nur auf eine geeignete Situation ... aktiv zu werden.«[42]

In ausführlichen Charakteranalysen hat Fromm Stalin, Himmler und Hitler als Prototypen sadistischer Charakterprägung beschrieben und die politische Tyrannei mit Massenmorden nie gekannten Ausmaßes, z. B. den »stalinistischen Säuberungen« und dem nationalsozialistischen Holocaust an 8 Millionen Juden, auf diese Prägung zurückgeführt. Dieses Erklärungsmodell hat vieles für sich, zumal es seine Brauchbarkeit schon in der großen Untersuchung des Horkheimer-Institutes für Sozialforschung, an der auch Fromm maßgeblich beteiligt war, zum sog. Autoritären Charakter als Bedingungsfaktor für das Aufkommen des Nationalsozialismus, erwiesen hat. Die Konseqeunzen, die sich daraus ergeben würden, sind brisant:

– Das Böse ist keine außermenschliche Macht, der Mensch selber ist der Produzent des Bösen. Er ist dafür allein verantwortlich.

- Das Böse im Menschen ist keine Erbausstattung, kein irreparabler Trieb. Der in der Sozialisation ausgebildete Charakter entscheidet über die Neigungen zu Destruktivität, Gewalttätigkeit und Lust am Töten oder zu schöpferischer Lebensfreude, Friedfertigkeit und Lust an der Liebe.
- Die Welt voll Mord, Folter, Kriegslüsternheit, Menschenfeindlichkeit ist kein unabwendbares Schicksal. Sozialisation zur produktiven Charakterprägung ist beeinflußbar. Es ist eine globale Aufgabe der Gesellschaftspolitik, der praktischen Pädagogik in Familie und Gesellschaft, des gesellschaftlichen Konsenses über entsprechende Grundwerte und des persönlichen Engagements, eine Sozialisation zu ermöglichen, die die Lust am Beherrschen, Unterdrücken und Quälen nicht kennt. Aber die Aufwendungen, die dem Töten dienen, sind so groß, daß die Aufwendungen für das friedliche Leben in der Welt davon aufgesogen werden. Noch ist die Neigung größer, das Böse, das wir selber sind, zu projizieren in Sündenböcke, Feindbilder und Verherrlichungen.

III. Problemaspekte

Problemaspekt A

Leiden

Das Böse im Leben des einzelnen

1. *Die christliche Leidenstheologie*

Die christliche Theologie hat bei ihrem jahrhundertelangen Versuch, den Widerspruch zwischen dem Glauben an den alles gut machenden Gott und der Realität einer Welt, in der Elend, Unterdrückung, Brutalität und Schmerz an der Tagesordnung sind, zu überwinden, zwei gegensätzliche Richtungen eingeschlagen. Die eine ist die, das Böse als eine eigene Macht zu verselbständigen, die den Menschen beherrscht. Wie auch die Herkunft des Bösen interpretiert wurde, es war nicht Gott, der das Böse schickte, es war die gegengöttliche Macht, ob sie nun im Menschen selber als Folge eines Ungehorsams wirkte oder ob sie als mythische Projektion in Teufel und Hexe ihre Macht ausübte. Die andere Denkbewegung versuchte, den Widerspruch zwischen Gott und dem Bösen dadurch aufzuheben, daß sie Gott zum Urheber des Bösen erklärte, der dieses Böse den Menschen als Strafe schickte, um sie durch ihr Leiden »heimzusuchen«. Für den einzelnen Menschen, der von diesem Bösen betroffen wird, hat dieses eine entsprechende Einstellung zum Leiden zur Folge, einmal die Entäußerung des inneren Leidens in eine Projektions-Figur, zum anderen die Ergebung in das Leiden, die Hinnahme des Schmerzes als Führung Gottes. Beide theologischen Richtungen versuchen mit ihren Mitteln eine Antwort auf die Frage »Warum müssen wir leiden?«, »Welchen Sinn hat es, daß unser Leben geprägt ist von Erfahrungen des Schmerzes, der Verzweiflung und der Angst?« zu geben.

»Leiden« gehört zu den Generalthemen der Theologie, charakteristischerweise nicht primär im Sinne der gesellschaftskritischen Frage nach den Möglichkeiten der Leidensverminderung, sondern im Sinne der Bedeutung des Leidens für das Leben des Individuums. So werden Stichworte wie »Leidensnachfolge, Leidenswilligkeit, Leidenssehnsucht, Leidensmystik« zu zentralen Beschreibungen christlichen Glaubens und Lebens. Fragt man nach den Ursprüngen dieser »Religion des Leidens«, dann liegt die Antwort nahe, auf die *Passion Jesu* zu verweisen. Worin besteht die theologische Aussage der Passionstradition, wenn der älteste Evangelist Markus die Passionsgeschichte zum Zentrum seines Evangeliums macht, so daß Martin Kähler mit Recht das Markus-Evangelium als »Passionsgeschichte mit ausführlicher Einleitung« charakterisieren kann. Aus den sog. Leidensweissagungen, die mit Sicherheit nicht von Jesus stammen, sondern Bekenntnisaussagen urchristlicher Theologie sind, wird der ursprüngliche Sinn der Leidenstheologie deutlich:

So heißt es in der 1. Leidensweissagung: »Der Sohn des Menschen müsse viel leiden und von den Ältesten und Hohepriestern und Schriftgelehrten verworfen werden« (Mark. 8,31). Das »Verworfenwerden« interpretiert die 2. Leidensaussage als »in die Hände der Menschen ausgeliefert werden« (Mark. 9,31) und die 3. Leidensweissagung spezifiziert:

»... der Sohn des Menschen wird den Hohepriestern und den

Schriftgelehrten ausgeliefert werden, und sie werden ihn zum Tod verurteilen und ihn den Heiden ausliefern, und sie werden ihn verspotten, ihn anspeien, ihn geißeln und ihn töten ...« (Mark. 10, 32–34).

Das »Leiden« des »Menschensohnes« Jesus besteht nicht in einem persönlichen Leidensschicksal, sondern darin, daß er mit seiner Botschaft vom Reich Gottes, in dem es Liebe und Gerechtigkeit auch für die Schwachen und Unterdrückten gibt, nicht angenommen wurde, er war ausgeliefert den Macht- und Herrschaftsbedürfnissen der Juden und Römer, aber auch seiner eigenen Jünger. Leiden und Tod Jesu sind politisch verursacht, wie J. Moltmann betont[43]; nicht Gott hat das Leiden geschickt, sondern die Menschen haben es angerichtet. Darum ist es auch folgerichtig, daß in der Passionstradition der synoptischen Evangelien kein Wort vom stellvertretenden Sühneopfertod Jesu zu finden ist und schon gar nichts von einer Verherrlichung des persönlichen Leidens. Das Böse, das den Menschensohn umgebracht hat, steht allein in der Verantwortung der Menschen. Heilsbedeutung hat Leiden und Tod Jesu nach dieser Tradition allein durch die eschatologische Bedeutung dieses Ereignisses. Wenn der wahre, menschliche Mensch von den Menschen umgebracht wird, dann ist das das Gericht Gottes über die Menschen. Das Kreuz Jesu ist in diesem Sinn das Symbol menschlicher Destruktivität. Und das Evangelium besteht darin, die Möglichkeit zu ergreifen, dies anzuerkennen und das andere Leben in Liebe zu leben, »mit Christus auferweckt zu werden«. Glaube, in der Logik dieser theologischen Tradition, ist also alles andere als »Leidensnachfolge«, »Leidenswilligkeit«, »Kreuztragen« im Sinne einer Leidensnachahmung, sondern ist wie D. Sölle pronounciert feststellt, »Bejahung des Lebens«[44] und nicht seine Verneinung. Nicht das Leiden ist Ziel christlichen Lebens, sondern die Liebe, die nicht aufhören soll, auch wenn sie Leiden mit sich bringt. Aber die Passionstradition der Evangelien setzte sich nicht durch. Sie wurde verdrängt durch die Sühnopfer-Tradition, die unter dem Einfluß hellenistischen Denkens sich ausbreitete. So wie Tieropfer in den antiken Religionen als Sühne für begangenes Unrecht den Göttern dargebracht wurden, so wird jetzt der Tod Jesu als stellvertretender Opfertod verstanden. Er sühnt damit die von den Menschen begangenen Sünden, er versöhnt durch sein Opfer Gott.[45] So etwa 1. Petr. 2,24:

»Er hat unsere Sünden an seinem Leibe selber an das Holz hinaufgetragen, damit wir von den Sünden loskämen und der Gerechtigkeit lebten, durch seine Wunden seid ihr geheilt.«

Die entscheidende Veränderung ist im Gottesverständnis vor sich gegangen. Gott bekommt despotische Züge. Er braucht das Sühnopfer des Sohnes, um gnädig sein zu können. Von da ist der Weg nicht weit zu Calvins Straf-Gott:

»Und in der Tat, Herr: wir sehen an den Strafen, die schon über uns gekommen sind, daß du mit gutem Recht über uns erzürnt bist. Denn da du genau und gerecht bist, peinigst du die Deinen nicht ohne Grund. Da wir also von deinen Ruten geschlagen sind, erkennen wir, daß wir dich gegen uns aufgebracht haben. Auch jetzt sehen wir noch deine Hand erhoben, um uns zu strafen. Denn die Schwerter, die du gebrauchst, um deine Vergeltung zu üben, sind gezückt, und die Drohungen, die du gegen Sünder und Übeltäter aussprichst, stehen alle bereit.
Wohlan, selbst wenn du uns noch viel strenger bestrafest, als du es bis jetzt getan hast, und wenn wir für eine Plage hundert ertragen müßten, selbst wenn die Verfluchungen, mit denen du einst die Sünden deines Volkes Israel geahndet hast, über uns kämen, bekennen wir doch, daß es mit vollem Recht geschähe, und wir leugnen nicht ab, daß wir es wohl verdient haben.«

Zit. nach: D. Sölle, Leiden, S. 17

Alles Böse und das Leiden daran ist von Gott geschickt als gerechte Strafe für die Sünden der Menschen.
D. Sölle hat dieses Gottverständnis zu Recht als »theologischen Sadismus« kritisiert.
»Der leidmachende und leidverursachende Gott wird zum verklärten Thema einer Theologie, die, zur eigenen Hingabe unfähig, den Blick richtet auf den das Unmögliche fordernden und den quälenden Gott. Es ist kaum zu bezweifeln, daß die Reformation die sadistischen Akzentuierungen in der Theologie verstärkt hat.«[46]
Dem »theologischen Sadismus« entspricht ein »Masochismus des Glaubens«. Wenn das Leiden Strafe und Heimsuchung Gottes ist, dann bleibt als »gläubige« Antwort nur die Annahme des Leidens, mehr noch, das Leiden muß gesucht werden, denn wer leidet, an dem arbeitet Gott. Wieder muß D. Sölle zugestimmt werden, wenn sie diese Haltung als »christlichen Masochismus« kennzeichnet:
»Insofern laufen die ... christlichen Deutungen des Leidens auf eine Empfehlung des Masochismus hinaus. Das Leiden ist dazu da, daß unser Stolz gebrochen, unsere Ohnmacht erwiesen, unsere Abhängigkeit ausgenutzt wird; das Leid hat den Sinn, uns zu einem Gott zurückzuführen, der nun erst groß wird, da er uns klein gemacht hat ... Die Unterwerfung als Lustquelle – das ist der christliche Masochismus.«[47]

Wie Dorothee Sölle kennzeichnet Helga Sorge aus feministischer Sicht[48] die christliche Leidensauffassung als masochistische. Sie sieht indes die Lust, selber zu leiden, stets mit der unbewußten sadistischen Neigung verknüpft, andere leiden zu machen: eigenes Leiden schütze nicht davor, anderen Leiden zuzufügen – im Gegenteil, es zerstöre die Liebesfähigkeit, die das Leiden überwindet. Das sado-masochistische Fixiertsein auf verdrängtes, d. h. unbewältigtes Leiden, hält H. Sorge wie andere Feministinnen auch, für ein typisches Merkmal patriarchaler Kultur: »Im Sog patriarchaler Macht- bzw. Unterwerfungskultur kann keine Liebeskultur gedeihen. Wer beides miteinander verbinden will (wie dies die traditionelle Theologie von *Paulus* bis *Moltmann* tut), wird zwangsläufig die erotisch-ganzheitliche Liebe pervertieren.«[49]
Daß die christliche Lebensbejahung zugleich ein perverser Ausdruck der weltweiten »Sado-Kultur« (Susan Griffin) ist, in der die Frau und ihre eigene matriarchale Kultur unterdrückt sind, wird soeben erst von Frauen in seiner vollen Tragweite entdeckt. So staunen sie z. B. darüber, daß das eigentliche Anstößige der Botschaft Jesu von den Theologen nicht erkannt wurde, nämlich Jesu konsequente Orientierung an weiblich-matriarchaler Liebes- und Weisheitskultur. Statt dessen beklagen z. B. die Kreuzestheologen seinen angeblich so anstößigen Tod am Kreuz, der aus der Sicht Liebeskultur als völlig unvermeidlich erscheint: Jesus mußte an einer Kultur scheitern, in der das Weibliche, die Liebeskultur und die Frau unterworfen und vergewaltigt werden.[50]
Der Sadismus-Masochismus ist eine Charakterprägung, die aus einem tiefen Selbsthaß herrührt. Wer nicht mit sich selber gut sein kann, wird in der Unterdrückung anderer und im Erleiden von Unterdrückung Befriedigung erfahren. Dies ist aber das ganze Gegenteil dessen, was das »Evangelium« im Sinne Jesu ausdrücken will, Annahme und Bejahung der Leidenden:
»Jesus von Nazareth hat diese unendliche Bejahung gelegt ... Er hat die, die überall verneint wurden und gezwungen, sich selbst zu verneinen, bejaht ... Vor dem Hintergrund dieser Bejahung des Lebens, auch des kranken, beschädigten, leistungsschwachen Lebens, muß man das Verständnis der Annahme des Leidens, wie es im Christentum entwickelt wurde, sehen. Es ist ein Versuch, das ganze Leben als sinnvoll anzusehen und es zu gestalten als Glück. Es ist die unendliche Bejahung endlicher Wirklichkeit. Der Gott, der Liebhaber des Lebens ist, will nicht das Leiden der Menschen, auch nicht als ein pädagogisches Mittel, sondern ihr Glück.«[51]

Das persönliche Leid, das Böse des Einzelnen, ist im christlichen Sinne Teil des Lebens, das in der Liebe seinen Sinn sieht, weder ist es Strafe Gottes, noch ist es Erlösungsweg, wohl aber ist es Mahnung, sich bewußt zu sein, daß nicht Omnipotenz und Perfektion den Menschen ausmachen, sondern Endlichkeit, Schwäche, Angewiesenheit auf Liebe.

2. *Die Revolte gegen das Leiden*

Leidensannahme, Leidenswilligkeit, Leidenssehnsucht ist die Sozialisationsfolge einer fehlentwickelten Theologie. Leidensvernichtung, Leidensflucht, Leidensverdrängung sind die psychischen Projektionsstrategien der Leidensvermeidung. Aber es gibt noch ein drittes Modell des Umgangs mit dem Leiden, den aktiven Kampf gegen das Leiden, den inneren Abstand gegen die Existenz des Bösen auch und gerade, wenn der Grund des Leidens unabänderlich ist.
Albert Camus (1913–1960), der neben Sartre bekannteste Vertreter des französischen Existentialismus, entwirft seine Philosophie des Absurden unter dem Schockerlebnis des Zweiten Weltkrieges, aus dem der Algerien-Franzose und Mitglied der Résistance den Schluß zieht, daß es für ihn keinen vernünftigen Sinn im Leben gibt. »Ich weiß nicht, ob diese Welt einen Sinn hat, der über mich hinausgeht. Aber ich weiß, daß ich diesen Sinn nicht kenne und daß ich ihn zunächst unmöglich erkennen kann. Was bedeutet mir ein Sinn, der außerhalb meiner Situation liegt? Ich kann nur innerhalb menschlicher Grenzen etwas begreifen.«[52] Dem Leben geht die Qualität jeder höheren Ordnung ab, es ist »absurd«. »Leben heißt: das Absurde leben lassen. Das Absurde leben lassen, heißt: ihm ins Auge sehen.« Damit sind die paradoxen Grundelemente seines Existentialismus benannt: Bewußtsein von der Absurdität des Lebens und die »Auflehnung« gegen das Absurde. Camus hat den Selbstmord strikt abgelehnt. Für ihn hat das Leben ausschließlich in der Revolte seinen Wert. Von dieser Haltung war für den Katholiken Camus die Konfrontation mit der christlichen Theologie unausweichlich. Sie spitzt sich zu auf das Problem der Freiheit angesichts des Bösen. So kann er in dem 1942 veröffentlichten »Le mythe de Sisyphe« sagen: »Das Problem der ›Freiheit an sich‹ hat keinen Sinn. Es ist nämlich auf eine ganz andere Art an das Gottesproblem gebunden ... Denn vor Gott gibt es weniger ein Problem der Freiheit als ein Problem des Bösen. Wir kennen die Alternative: entweder sind wir

nicht frei, und der allmächtige Gott ist für das Böse verantwortlich. Oder wir sind frei und verantwortlich, aber Gott ist nicht allmächtig. Alle scholastischen Spitzfindigkeiten haben der Schärfe dieses Paradoxons nichts hinzugefügt und nichts genommen.«[53]

Die Revolte gegen das Böse ist für Camus die logische Folge seines Atheismus, so wie der Atheismus, der Glaube an das Absurde, erst die Auflehnung gegen das Leiden ermöglicht.

Dies ist der philosophische Hintergrund seines berühmtesten Romanes, »Die Pest«, der 1947 erschien.

Die Stadt Oran wird im Frühjahr 194... von der Pest überfallen und der Umwelt gegenüber hermetisch abgeschlossen. Das ist für Camus eine Situation, die das Leben in der Absurdität des Daseins abbildet. Von außen gibt es keine Erlösung. Innen macht die Pest-Absurdität alle gleich, alle haben es nur mit sich zu tun. Wie reagieren sie in dieser Situation? Sie betäuben sich mit Vergnügungen, sie machen sich Illusionen, wollen mit Gewalt ihr Recht auf Glück einklagen, resignieren, erliegen dem Leiden. Im Mittelpunkt steht der Arzt Dr. Rieux, er ist nicht nur der heimliche Erzähler des Romans, er ist auch der Mund Camus'. Er verkörpert den Menschen in der Revolte gegen das Böse und das Leiden. Er fragt nicht nach einem Sinn des Geschehens, er lehnt sich gegen die Pest auf, indem er zu helfen versucht, wie weit seine Kräfte reichen. Ein Gegenspieler ist der katholische Priester Pater Paneloux. Er hält in der Kathedrale eine Predigt, die mit den Worten beginnt:

»Meine Brüder, ihr seid im Unglück, meine Brüder, ihr habt es verdient.«[54] Und dann folgt eine Gerichts- und Strafrede, die genau der theologischen Tradition entspricht, wie sie auch bei Calvin zu finden ist: Gott ist der allmächtige Lenker der Welt, der alles Leid verhängt, er handelt nicht grundlos, sondern gerecht, und das Leiden ist die Strafe für die Sünde. So der Pater in seiner Predigt:

»Wenn euch heute die Pest anschaut, so deshalb, weil der Augenblick des Nachdenkens gekommen ist. Die Gerechten brauchen sich nicht davor zu fürchten, aber die Bösen haben Ursache zu zittern ... Gott hat so lange sein Antlitz des Mitleids den Menschen dieser Stadt zugekehrt; jetzt hat er, des Wartens müde, enttäuscht in seiner ewigen Hoffnung, seinen Blick abgewandt. Des göttlichen Lichtes beraubt, sind wir jetzt für lange Zeit in die Finsternis der Pest gestürzt.«[55]

In einem Gespräch mit einem Freund im Anschluß an die Predigt äußert Dr. Rieux seine Ablehnung einer göttlichen Kollektiv-

strafe und will sich darum nicht mit der Pest abfinden wie der Pater. »Glauben Sie an Gott?« fragt ihn der Freund. »Nein, aber, was heißt das schon?« antwortet Rieux. Weiter gefragt, warum er sich denn so aufopfere für die Kranken, läßt Camus den Arzt antworten: »Wenn er an einen allmächtigen Gott glaubte, würde er aufhören, die Menschen zu heilen und diese Sorge ihm überlassen . . . Im Augenblick gibt es Kranke, die geheilt werden müssen. Nachher werden sie nachdenken und ich auch. Aber dringlich ist nur, daß sie geheilt werden.«[56]
Camus entlarvt die »sadistische Theologie« als projektive Flucht vor der Verantwortung. Angesichts des Bösen gibt es nur den Aufstand gegen dieses Böse, ohne eine ethische oder metaphysische Begründung ist die Revolte, das Aushalten des Absurden, das eigentlich Menschliche.
Camus gibt dem Christentum aber eine ehrliche Chance: Der Pater erlebt das Sterben eines unschuldigen Kindes und wird dadurch in seiner dogmatischen Haltung so erschüttert, daß er sich mit dem Arzt in der praktischen Hilfe solidarisiert, eine zweite Predigt nicht mehr vom hohen dogmatischen Roß hält, sondern sich als Leidender mit Leidenden verbrüdert und schließlich an der Pest stirbt. Ob Camus hier in dem gewandelten Pater Paneloux den an und mit den Menschen leidenden Christus sieht? Jedenfalls ist seine Revolte gegen das Böse die atheistische Version dessen, was in der Versuchungsgeschichte von Jesus gesagt wird: Widerstand gegen den (das) Böse(n).

Problemaspekt B

Feindbilder

Juden, Kommunisten, Fremde, »Ausländer raus«

Dem modernen Bewußtsein ist die Dimension des Mythischen wie des Metaphysischen verlorengegangen. Geblieben sind die Erfahrungen des Bösen, ja, sie haben sich zu unvorstellbarer

Schrecklichkeit gesteigert, und damit ist das Bedürfnis geblieben, diese Erfahrungen projektiv zu bewältigen, wenn sie rational nicht zu verarbeiten sind. Das moderne Bewußtsein schafft sich eigene Sündenböcke, Mythen, die den Teufels- und Hexenglauben des Mittelalters ersetzen, es produziert Feindbilder.

In soziologischer Definition handelt es sich bei Feindbildern um eine spezifische Gruppe von Vorurteilen. Im Feindbild ist eine Reihe negativer Vorurteile gebündelt, die weniger auf eigene Erfahrung als auf undeutliche Gefühle und stereotype Wertungen zurückgehen, so z. B.:

Wenn also zur Zeit des Höhepunktes des Kalten Krieges das Wort »Bolschewismus« genannt wurde, so rief dies bei der Mehrzahl der Bewohner der Bundesrepublik etwa folgende Assoziationsketten ab: System der Unfreiheit, des Terrors und des Mangels, dieses System bedroht uns, wir müssen unsere Lebensform verteidigen.

Es gehört weiter zur Struktur von Vorurteilen, daß sie nicht nur auf falschen Urteilen beruhen, aber sie sind gewissermaßen resistent gegen neue und differenzierende Informationen, denn es besteht ja eben das Bedürfnis, dem »Feind« alles Böse anzulasten, also müssen entgegenstehende Informationen abgewertet werden.

Zunächst sind Feindbilder gesellschaftliche Produkte, die der Ablenkung von ungelösten gesellschaftlichen Problemen dienen. Beim neuesten Feindbild, dem »Ausländer«, liegt dies klar auf der Hand. Ohne den Auslöse-Impuls der wirtschaftlichen Krise in der Bundesrepublik wäre das Feindbild »Ausländer« nicht akut geworden. Feindbilder haben aber auch eine Wirkung auf den »Feind«. Das Bild, das auf die betreffende Gruppe, Juden, Kommunisten, Ausländer projiziert wird, wirkt im Sinne einer »selffullfilling prophecy«, einer sich selbst erfüllenden Prophezeiung. Max Frisch hat diesen Sachverhalt in seinem Stück »Andorra« dargestellt. Andri, den sie in seinem Dorf zum Juden stempeln, indem sie ihm »typisch jüdische« Eigenschaften nachsagen, daß er immer ans Geld denke, kein Gemüt habe und feige sei, wird so zu einem Juden, obwohl er keiner ist. »Man hat mir gesagt, wie meinesgleichen sich bewege, nämlich so und so, und ich bin vor den Spiegel getreten fast jeden Abend. Sie haben recht: Ich bewege mich so und so.«[57]

Der angebliche Feind nimmt das Bild an, das in ihn hineinprojiziert wird. Hieran wird der neurotisch-pathologische Effekt des Projizierens deutlich. Die Projektion, als das Nach-außen-werfen der schmerzhaften inneren Erfahrung, schafft neue Objektivitäten, die wieder zurückwirken auf den, der sich mit seiner Projektion befreien wollte. Die Projektion befreit nicht von den Erfahrungen des Bösen, sie schafft sich neue Probleme.

Die psychoanalytische Deutung der Feindbild-Projektion geht weiter als die soziologische. H. E. Richter sieht in Anlehnung an Freud in der Feindbild-Projektion den Versuch der Leidensabwehr. Die erlebte Unlust wird vom Ich ausgeschieden, »indem es seinen Schmerz als Haß in die äußerste Unlustquelle projiziert«.[58] Das beschreibt die typische Sündenbock-Projektion: »Man versucht das Leiden als ein von außen gemachtes Übel dadurch zu vernichten, daß man seinen bösen Urheber draußen bekämpft.«[59] Feindbild-Projektionen werden durch Leidenserfahrungen hervorgerufen mit einem fatalen Verstärkungseffekt: »Je mehr die Unlust durch niederdrückende Selbstvorwürfe bestimmt ist, um so radikaler muß der Außenfeind verteufelt werden.«[60]

So mußten die Hexen im Mittelalter für alle Leiden des äußeren Lebens, Pest, Hungersnot, Sterben, wie des inneren, Ketzerei, unterdrückte Sexualität, Angst der Männer vor Frauen, als Urheber fungieren. So wurden die Juden in der Weltwirtschaftskrise der 20er Jahre von Hitler zum Weltfeind und Verursacher des Weltleidens gestempelt. So werden die Gastarbeiter in der Bundesrepublik für die wirtschaftliche Misere verantwortlich gemacht.

Den Grund für die projektive Leidensabwehr sieht Richter im »Gotteskomplex«, einem narzißtischen Allmachts- und Perfektions-Bedürfnis als kollektiver Charakterprägung. Diese narzißtische Struktur verträgt nicht Schwäche, Kleinheit und Unvollkommenheit. Die gottähnliche Größe kann aber nur gewahrt werden, wenn alle dagegen stehenden schmerzlichen Erfahrungen einem Außen-Feind angelastet werden können. Es ist der Versuch der Schuld- und Angstentlastung, wenn Kreuzzüge gegen das Böse in Gestalt von Feinden geführt werden.

Außer der projektiven Leidensabwehr auf eine Haß-Figur hin ist im Projektionsvorgang noch das Moment des Selbsthasses gegeben. Dies ist besonders deutlich im Feindbild des Juden, worauf M. Horkheimer und Th. W. Adorno immer wieder hingewiesen haben. Wenn der Jude als Geschäftemacher diffamiert wurde, dann kam darin die heimliche Verachtung des Bürgers am eigenen Geschäftsgeist zum Ausdruck.

»An den zu Karikaturen entstellten Gestalten ihrer jüdischen Konkurrenten konnten diese Bürger das hassen, was sie selbst insgeheim an sich selber verachteten: den Geschäftsmann. Indem sie sich antisemitisch gebärdeten, bewiesen sie gleichsam vor sich und anderen, daß sie ›frei von jenem Geist der Berechnung und des Geschäftemachens‹ waren, von dem sie doch wußten, daß es auch ihr eigener war.«

Die Projizierung alles Bösen in ein Feindbild bekommt so den Charakter eines Selbstreingungsmechanismus. Strukturell gleich ist der umgekehrte Projektionsvorgang, wenn ins Feindbild die eigenen Sehnsüchte projiziert werden, die als beängstigend erlebt werden, wie dies bei der »Hexe« deutlich der Fall ist.
Das jüngste Feindbild »Ausländer«, das sich seit etwa 2 Jahren in beängstigender Weise in der Bundesrepublik bildet, hat seine berüchtigten Vorgänger im Feindbild des »Juden« und des »Bolschewisten«. H. E. Richter sieht in der Feindbild-Produktion die Deutschen an vorderster Front:

»Daß in Deutschland eine besondere *Neigung zur Leidensabwehr durch Projektion* besteht, zeigt unsere jüngere Geschichte zur Genüge. Diese Tendenz kommt darin zum Ausdruck, daß politische Spannungen hier immer wieder leicht zu manifesten oder verschleierten Glaubenskriegen ausarten. Nirgends sonst in der westlichen Zivilisation färbten sich die Ideen des Nationalismus so stark mit Phantasien von der eigenen heiligen Berufung zur Erlösung der Welt – gegen das Böse. Diese bereits von *Fichte* geschürten Vorstellungen erwiesen sich wieder und wieder als taugliches Zündmittel zur Aufstachelung von Kriegsbegeisterung oder zumindest zur Aufhetzung gegen Minderheiten. Die Menschheit werde endlich in Frieden und Freiheit erblühen, wenn Siegfried oder Georg den bösen Drachen töte. Das ist das *stereotype Grundkonzept,* das sich lediglich in der inhaltlichen Ausfüllung wandelt. *Nach dem ›Weltjudentum‹ ist seit längerem der ›Weltkommunismus‹ der große Drachen,* in dessen Ausmerzung viele insgeheim das Rezept zur möglichen schlagartigen Beseitigung allen Elends auf der Erde erblicken.«

H. E. Richter, Der Gotteskomplex, S. 134f.

Schon die NS-Propaganda hatte antisemitische mit antikommunistischen Vorurteilen zu einem extrem irrationalen Feindbild vermischt. »Der ewige Jude« wie der »Bolschewist« trugen in der nationalsozialistischen Feindbild-Symbolik die gleichen abstoßenden asiatischen Züge (vgl. die Bilder S. 99 u. 100), die »ewig jüdisch-bolschewistische Zerrfratze«, wie es Göring in einer Rede auf dem Reichsparteitag der NSDAP 1938, ein Jahr vor Ausbruch des Krieges, gesagt hat. Genau dieses konzertierte Feindbild war es, das die Judenverfolgung und den Angriffskrieg gegen die Sowjetunion psychologisch vorbereitete.
In der Nachkriegszeit verschwand dann zwar jede öffentliche Äußerung von Antisemitismus, aber das antikommunistische

Feindbild blieb. Die Deutschen brauchten es, um die Frustration des verlorenen Krieges und der geteilten Nation auf einen Verursacher dieses Bösen zu projizieren. Dabei vermischten sich in dem Feindbild des Kommunisten deutlich ideologische und völkisch-rassische Motive. Neben dem Kommunisten ist es »der Russe«, dem Eigenschaften wie brutal, grausam, heimtückisch, schmutzig und faul zugeordnet werden. Sehr häufig weiten sich diese Feindbild-Stereotypen ganz allgemein auf osteuropäische Völker aus.

Für die Wahl des Projektionsobjektes, das zum Feindbild ausgebildet wird, ist offensichtlich das Erleben von Fremdheit ausschlaggebend. Die Erfahrung von Leiden soll ja externalisiert werden, um sich innerlich davon frei zu machen. Der Fremde, der dem Vertrauten und Bekannten entgegengesetzt ist, bietet sich für solch eine externalisierende Projektion an. Bei dem *Feindbild »Ausländer«* ist genau dies der Fall, wie aus der *Entstehungsgeschichte* und der *Motiv-Analyse* hervorgeht.

Die sog. Sinus-Studie, eine der größten und gewichtigsten sozialwissenschaftlich-empirischen Untersuchungen in der Bundesrepublik überhaupt, liefert hierfür alle wünschenswerten Erkenntnisse. Sie wurde 1979 vom Bundeskanzleramt in Auftrag gegeben und hatte die Aufgabe, die Anfälligkeit der Bundesbürger für rechtsradikale Ideologie zu untersuchen. Das alarmierende Fazit ist laut Spiegelbericht:

»Insgesamt 13 Prozent der Wahlbevölkerung (rund 5,5 Millionen) haben ein ideologisch geschlossenes rechtsextremes Weltbild, dessen Hauptstützen ein nationalsozialistisches Geschichtsbild, Haß auf Fremdgruppen, Demokratie und Pluralismus sowie eine übersteigerte Verehrung von Volk, Vaterland und Familie sind.«

Der Spiegel, Nr. 12/1981, S. 50

Im Zusammenhang mit der Feindbild-Problematik ist vor allem interessant, was die Untersuchung über die Werte und Ziele der extremen Rechten zu Tage fördert:

»›Inhaltliches Rückgrat‹ bildet ein ›reaktionäres Menschenbild‹: Haßerfüllt lehnen sie ab, was sie als fremd empfinden, etwa die Jugend, sexuelle Minderheiten und Asoziale. Wenn man alle Drückeberger und Verbrecher loswerden könnte, so glauben sie, wären die meisten Probleme gelöst. Homosexualität ist für sie ›widernatürlich‹. Gäbe es wieder Arbeitslager, kämen ›Zucht und Ordnung‹ von allein.«

Der Spiegel, Nr. 12/1981, S. 55

Der Haß auf alles Fremde und »Perverse« hat eine doppelte

Ursache. Auf der einen Seite kann als Grundeinstellung ein narzißtisches Vollkommenheitsbedürfnis ausgemacht werden. Die Studie faßt dies so zusammen:

»Durchgängiges Motiv für die Einstellung zu fast allen Problembereichen ist eine Sehnsucht nach der heilen Welt, die sich nicht nur auf den Umweltschutz erstreckt, sondern ebenso auf Ordnungsmodelle. Zentrale Werte bilden das Volk als natürliche Lebensgemeinschaft sowie der Begriff Gesundheit im weitesten Sinne.«

Zit. nach: Spiegel 12/81

Die Sehnsucht nach der heilen Welt – Bestandteil aller extremen Ideologien – korrespondiert mit eigenem starken Bedürfnis nach Harmonie und der Ablehnung des gesellschaftlichen Pluralismus. Darin drückt sich das aus, was H. E. Richter »die projektive Leidabwehr« genannt hat. Die Erfahrung des Kleinen und Unvollkommenen ist für das narzißtische Bedürfnis nach Allmacht und Vollkommenheit ein unerträgliches Schwächeerlebnis, der dadurch drohende Selbsthaß wird projiziert in den Haß auf das Fremde. Auf der anderen Seite ist für diese Gruppe das Gefühl der äußersten Bedrohtheit typisch:

»Inhaltlich dokumentiert diese Skala unspezifische Gefühle des Bedrohtseins, der Verlorenheit, der Orientierungs- und Machtlosigkeit. Es wird ein Kulturpessimismus sichtbar, der antipluralistische, zum Teil antidemokratische Züge trägt. Die Ausschließlichkeit, mit der vermeintlich typisch deutschen Eigenschaften wie Treue, Fleiß und Pflichtbewußtsein für die eigene Nation beansprucht werden, erinnert an rechtsextremistischen Ethnozentrismus und Fremdenhaß.«

Der Spiegel, Nr. 12/1981, S. 60

Das Menschenbild der Rechtsradikalen sieht dann laut Studie so aus:

»Schließlich konstatieren die Verfasser des Sinus-Berichts einen ›Siegfried-Komplex‹: Der Stolz, Deutscher zu sein, verbindet sich mit der Kritik an der ›Marionettenregierung von Amerikas Gnaden‹. Dieser Komplex bündelt Statements, die sich am ehesten durch das Scenario vom aufrechten deutschen Recken, der von tückischen, listigen, intelligenten Feinden umlauert ist, beschreiben lassen. Hier gehen Angst, Nationalismus, Männlichkeitswahn und Fremdenhaß ihre typisch rechtsextreme Mischung ein. Interessant ist, daß die Feindbilder des Nationalsozialismus (linke Journalisten, linke Intelligenz, Freimaurer, Juden, das Ausland) ungebrochene negative Symbolkraft für die Rechtsextremisten besitzen.«

Der Spiegel, Nr. 12/1981, S. 60

Von daher ist der Schritt zum Feindbild »Ausländer« konsequent und logisch:

»Die wahrhaft tödliche Bedrohung für unser Volk jedoch sind die Gastarbeiter, die das Land überfremden und damit den Bestand, die Rasse und die Identität des deutschen Volkes gefährden. Originalton: ›Bald müssen die Deutschen in die Löcher krabbeln, und die anderen sind die Herren.‹
Die stereotypen Argumente: ›Die Fremdarbeiter‹ nehmen den Deutschen die Arbeit weg, sind Drückeberger und streichen Kindergeld zu Lasten deutscher Steuerzahler ein. Wenn es so weitergehe, drohe eine ›ungeheure Katastrophe‹.«

Der Spiegel, Nr. 12/1981, S. 58

Wie sehr übereinstimmende Strukturen in allen Varianten der Projektion des Bösen zu finden sind, von den Hexen bis zu den Ausländern, geht aus dem Persönlichkeitsbild des Rechtsradikalen hervor: »Im Vordergrund der Persönlichkeit dieser Befragten steht ein unverhüllter Männlichkeitswahn mit Werten wie Kampf, Härte und Bewährung.«[61]
Frauenhaß, Sexualfeindlichkeit und hypertrophiertes Männlichkeitsbewußtsein sind durch die Jahrhunderte hindurch die Motive für die Projektionen des Bösen.
Daß der Fremdenhaß mit der speziellen Zielrichtung auf die Ausländer, und da vor allem auf die Türken, nicht auf rechtsextrem eingestellte Minderheiten beschränkt ist, zeigen alle Umfrageergebnisse seit 1982. Die Hälfte bis zwei Drittel der Bevölkerung der Bundesrepublik ist »klar ausländerfeindlich« eingestellt, wollen, daß die Zahl der 4,6 Mill. Ausländer verringert wird und sind dagegen, daß die Gastarbeiter ihre Familien nachholen. Die Motive für diesen plötzlichen Fremdenhaß können nicht allein in der wirtschaftlichen Krise liegen. Der Großteil der Ausländer wird nach wie vor in bestimmten Arbeitsbranchen gebraucht, die von deutschen Arbeitnehmern gemieden werden, so z. B. im Bergbau. Hier leben vielmehr uralte, in Zeiten des Wohlstandes verdeckte Ängste wieder auf, die Deutschen könnten zweitrangig werden. Die projektiven Verarbeitungsmechanismen sind darum vielfach die gleichen, wie wir sie aus der NS-Zeit kennen: Aufkommen völkisch-rassischer Ideologie, kulturelle Abgrenzung, nationalistische Politik. Am spektakulärsten – weil im Namen der Wissenschaft – hat sich das sog. Heidelberger Manifest, von z. T. namhaften Professoren unterzeichnet, in diesem Sinne an die Öffentlichkeit gewandt (31. 1. 1982) und vor einer Überfremdung des »deutschen Volkes« durch die Ausländer gewarnt. (Dokumentation: S. 106–108)

Ausländer in der Bundesrepublik 1981.

»Die Integration großer Massen nichtdeutscher Ausländer ist ohne Gefährdung des eigenen Volkes, seiner Sprache, Kultur und Religion nicht möglich.«[62]
Es klingt wie aus einem NS-Rasselehrbuch entnommen, wenn die Autoren feststellen: »Allein lebendige und lebensfähige deutsche Familien können unser Volk für die Zukunft erhalten.«[63]
Eine aufschlußreiche Fehlleistung, die makabre Assoziationen erweckt, ist den Autoren passiert. In einer noch nicht für die Öffentlichkeit bestimmten »Unterzeichner-Fassung« heißt es: »Die Rückkehr der Ausländer in ihre angestammte Heimat wird für die Bundesrepublik Deutschland als eines der am dichtesten besiedelten Länder der Welt nicht nur gesellschaftliche, sondern auch ökologische Entlastung bringen.«[64] Im Klartext heißt das, nicht die Industrie belastet unsere Umwelt, sondern die 4 Mill. Ausländer verpesten Luft und Wasser.
In der Öffentlichkeitsfassung ist dieser Satz dann in der Formulierung abgeschwächt, der Sache nach aber voll erhalten: »Die Familienzusammenführung der Gastarbeiter in ihre angestammte Heimat – selbstverständlich ohne Zwangsmaßnahmen – wird unser überindustrialisiertes und an Umweltzerstörung lei-

dendes Land entlasten.«[65] Daß das Manifest der Professoren keine momentane Entgleisung darstellt, sondern Teil einer politischen Aktion ist, zeigt sich daran, daß parallel zu dem Manifest ein »Schutzbund für das Deutsche Volk« gegründet wurde, der sich ein »Bekenner-Programm« gegeben hat.

Wenn in diesem Manifest noch professorale Formulierungsvorsicht spürbar ist, ist der Volksmund weniger pingelig. Die wie Pilze aus dem Boden schießenden Türken-Witze sind aufs Haar von der gleichen Art wie die Judenwitze der NS-Zeit. So z. B.:

»– Was ist der Unterschied zwischen Juden und Türken? Die einen haben es schon hinter sich.
– Wie bekommt man acht Türken in einen VW? Vier auf die Sitze, der Rest in den Aschenbecher.«

Daß sich die Ausländer angesichts solcher Entwicklung als »die Juden von morgen« fühlen, liegt nahe. Schließlich zeigt das Flugblatt einer »Bürgerinitiative Ausländerstopp« mit der glücklichen deutschen Familie das Wiederauferstehen alter völkisch-rassischer Feind-Propaganda. Die Ähnlichkeit mit dem NS-Plakat »Sieg oder Bolschewismus« ist frappierend und skandalös. (Siehe Dokumentation S. 99–100.)

Zusammenfassung

Wieder braut sich ein Kreuzzug wider alles Böse zusammen. Wieder wird das eigene Schwäche-Erlebnis mit einer Haß-Projektion kompensiert. Wieder ist eine Gesellschaft dabei – trotz grauenhafter geschichtlicher Erfahrung – die eigenen Schwierigkeiten einem »Feind« anzulasten. Peter Glotz hat für seinen Teil die Dinge beim Namen genannt:

»Es gibt keinen Zweifel, daß der Ausländerhaß wächst. Es gibt auch keinen Zweifel, daß er nicht nur in alt-rechten Kreisen wächst. Zum Beispiel in der Arbeiterschaft, die jedenfalls im Betrieb, häufig aber auch im Wohnviertel eng mit Ausländern zusammenlebt, gibt es Ressentiments und Ausländerfeindlichkeit. Wir müssen alles tun, damit wir nicht durch Fahrlässigkeit einem neuen Rechtsextremismus den Boden bereiten.

Deshalb ist es notwendig, den Ausländerhaß zu tabuisieren. Ich fordere den Bundestag auf, durch Aufstockung des Budgets des Bundespresseamtes eine große Kampagne gegen den Ausländerhaß in der Bundesrepublik Deutschland zu ermöglichen. Wir müssen zweierlei tun: Wir müssen zeigen, wie Solidarität mit den Ausländern konkret aussehen kann. Wir müssen aber auch diejenigen, die unterschwellig oder offen Ausländerhaß predigen, schärfstens bekämpfen.«

Zitiert nach: K. Staeck u. a., Macht Ali deutsches Volk kaputt?, S. 63

IV. Konsequenzen und Veränderungen

Wie werden Menschen mit der Erfahrung des Bösen fertig? Die Anlässe haben sich im Laufe der Geschichte gewandelt, von der Pest bis zur Nuklearbedrohung, von den angeblichen Hexen bis zu den anonymen Mächten der Zeit. Gleich geblieben ist in allen Zeiten die schmerzliche Erfahrung, daß »der Mensch keineswegs seiner selbst mächtig ist«[66], daß seine rationalen Möglichkeiten nicht ausreichen, um die irrationalen Kräfte der Destruktivität zu bannen, auch wenn es Zeiten gegeben hat, die bestimmt waren von dem Glauben an die totale Humanisierungsmöglichkeit des Menschen. Die Erfahrung des Bösen und des Leidens bleibt als Signum der Endlichkeit und Schwäche des Menschen, sie ist die menschliche Grunderfahrung überhaupt. Was aber eben nicht bedeutet, daß sie akzeptiert wird. Die Geschichte des Problems des Bösen ist eine Geschichte der Verdrängungen und Rationalisierungen dieser Erfahrung. Das Böse stellt den Menschen aufs höchste in Frage, präziser gesagt, es stellt den Glauben des Menschen an sich selbst in Frage. Darum hat es diese Palette der Versuche gegeben, den Ursprung des Bösen außerhalb des Menschen zu suchen, aber die Projektionen schlugen auf den Menschen zurück. Der Teufels- und der Hexenglaube hat das Böse nicht behoben, im Gegenteil, er hat es produziert. Die grausige Geschichte der Hexenverfolgungen mit den Millionen unschuldiger Opfer und der aberwitzige Versuch der Nationalsozialisten, die nationale Schwäche durch den projizierten Judenhaß zu beheben, hat die Deutschen und durch ihre Schuld die Welt in ein Chaos gestürzt. Es kann und darf nicht die Aufgabe der Theologie sein, diesen Projektionen metaphysische und ideologische Legitimation zu geben, wie es durch Jahrhunderte hindurch geschehen ist. Wenn es wahr ist, daß das narzißtische Omnipotenz-Bedürfnis des Menschen der eigentliche Grund für die vielen Formen der Verdrängung, der ideologischen Überhöhung oder auch der Verharmlosung des Bösen ist, dann muß es auch Anliegen der Theologie sein, diese Projektionen zu entmythologisieren und zu helfen, daß Menschen ein realistisches Bild von sich selber bekommen, daß sie instandgesetzt werden, die Erfahrung des Bösen realitätsgerecht zu verarbeiten. Hinter I. Kant ist nicht mehr zurückzugehen. Das Böse ist im Menschen selber, es ist eine immer latente Möglichkeit, die in seiner Natur wie in seinem kulturellen Handeln steckt. Und darum trägt der Mensch »unwiderruflich die Verantwortung für die Zukunft seiner selbst und seiner Welt«[67].

Gibt es Chancen, daß die Menschen in Zukunft ihre Verantwortung für die Eindämmung der bösen destruktiven Potentiale besser wahrnehmen als bisher? Es liegt am Tage, daß das heute keine akademische Frage ist. Da die Instrumente, mit denen sich die Kräfte der Destruktivität austoben können, schlechthin weltvernichtend sind, hängt das Schicksal dieses Planeten Erde davon ab, ob die Menschen auf ihm lernfähig, veränderungsbereit sind.

Der Appell an die Vernunft sowie die Mobilisierung der rationalen Kräfte reicht nicht aus. Auch für die Zukunft würde gelten: »Aber die vollends aufgeklärte Erde strahlt im Zeichen triumphalen Unheils« (Horkheimer/Adorno). Die Ratio reicht deshalb nicht zur Lösung dieses Problems aus, weil die destruktiven Potentiale durchaus nicht nur Fehlentwicklungen des Bewußtseins sind, sondern in tieferen Schichten liegen, in der Triebkonstellation von einzelnen und Kollektiven, in den zerstörerischen, sadistischen Charakterformationen als Folge von entfremdender Sozialisation, in der gesellschaftlichen Struktur, die Böses produziert, so daß sich ein Kreislauf bildet, der dem Bösen immer neuen Antrieb gibt.

Lernschritte zur Aufbrechung dieses »Teufelskreises« werden darum entsprechend »tief« ansetzen müssen. Ich versuche einige wenige Konsequenzen thesenhaft zu benennen, die alle darauf hinauslaufen, eine andere Sozialisation von Kindern und Erwachsenen in dieser Gesellschaft zu initiieren.

1. Unsere Triebbedürfnisse sind kein Schicksal. Es ist keinem in die Wiege gelegt, daß er seine Lebensenergien in Herrschaft, Unterdrückung und Konkurrenzkampf einsetzen muß, es wird ihm beigebracht, so vollkommen, daß er auch noch in seinen lustvollsten Gefühlen, in Liebe und Vereinigung den Geschlechter*krieg* zu seiner Befriedigung braucht, so daß Frauen zu Urhebern des Bösen stigmatisiert werden und Männer sich den Status des Herrschers anmaßen, um sich das von ihnen angerichtete Chaos zum höheren Ruhm anzurech-

nen. Wir brauchen eine Sozialisation, die die Befriedigung der Gefühle und Energien in der Solidarität mit anderen Menschen, in der Liebe findet und nicht im Herrschen und Unterdrücken.

2. Von Säuglingsbeinen an wird uns beigebracht, daß wir Top-Leute werden müssen, wenn wir etwas vom Leben haben wollen. Omnipotenzgefühle, Perfektionsbedürfnisse, Power-Erlebnisse, Potenzgehabe werden uns suggeriert, in der angeblichen Absicht, uns lebensstark zu machen. Das Gegenteil ist der Fall, wie wir gesehen haben, sie machen uns lebensschwach, weil wir mit unserer Wirklichkeit nicht zurechtkommen, Sündenböcke konstruieren, Projektionen zu unserer Entlastung produzieren, um unseren Selbsthaß zu kompensieren.
   Wir müssen es lernen, mit uns selber Frieden zu machen, herunterzukommen von der Vision der Vollkommenheit und uns unserer Schwäche und Begrenztheit akzeptierend bewußt zu sein. Wir brauchen eine Sozialisation, in der Menschen lernen mit sich selber gut zu sein, um auch mit anderen gut sein zu können.
3. Der Zwang zu neurotischen Projektionen wird hervorgerufen durch die Angst vor der »erniedrigenden« Wirklichkeit und der Verweigerung des Arbeitens an dieser Wirklichkeit. Die nicht bewältigten Probleme unseres Inneren machen wir zu unserer Entlastung zu metaphysischen Objektivitäten. Wir brauchen eine Sozialisation, in denen Menschen lernen, mit sich selber angstfrei umzugehen, weil sie ihre Ängste und Bedürfnisse kommunikativ bearbeiten können, statt sich zu verstecken.
4. Resignation und Depression angesichts der Ungeheuerlichkeit der drohenden Weltgefahren sind verständlich, aber sie sind faktisch Kapitulation vor dem Bösen.
   Wir brauchen eine Sozialisation, die Menschen Mut macht zu kleinen aber konkreten Schritten des praktischen Engagements zur Minderung der größten Nöte. Dies haben die Vielen schon angefangen, die in den großen Bewegungen für Frieden und bessere Umwelt arbeiten.
5. Eine »Theologie des Leidens« lehrt uns nicht, mit dem Leiden produktiv umzugehen, sondern verstärkt das Leiden, indem sie die Verinnerlichung des Leidens befördert.
   Wir brauchen eine religiöse Sozialisation, die die Bejahung des Lebens, wie sie Jesus von Nazareth gelebt hat, zum obersten Wert macht. Eine Bejahung, die sich nicht mit dem veränder-

baren Leiden abfindet und die unveränderliche Endlichkeit des Menschen akzeptiert.

Die Überwindung des Bösen ist durch Vervollkommnung des Menschen nicht zu erreichen, sondern durch das Gewahrwerden und Akzeptieren der Begrenztheit des Menschen. Stark gegenüber den Potentialen des Bösen und des Unheils sind wir nur in der Solidarität mit den Schwachen und Leidenden. In der Solidarität erfüllt sich die Bitte »Erlöse uns von dem Bösen!«

B. UNTERRICHTLICHE KONKRETION

Vorbemerkung zur Didaktik-Konzeption

Die sich an die Hauptteile der theoretischen Bearbeitung anschließenden »Unterrichtlichen Konkretionen« verstehen sich im engeren Sinne als Vorschläge für die Unterrichtsgestaltung in einer gymnasialen Oberstufe, im weiteren Sinne bieten sie Elemente für ein Lerngeschehen an, das strukturell gleichartig ist, ob es nun im Schulunterricht, in den verschiedensten Formen der Erwachsenenbildung oder im individuellen Studium erfolgt. Damit ist die Empfehlung verbunden, diesen Teil nicht als didaktischen Anhang zu verstehen, der nur für den Lehrer in der unterrichtspraktischen Verwertung relevant ist, sondern der parallel zum Kommentar für die Arbeit am Material Vorschläge macht. Dabei handelt es sich um ein Auswahlangebot, das für die jeweilige Lernsituation variiert werden muß.

Auch wenn der Baustein-Charakter der »Unterrichtlichen Konkretionen« betont werden muß, dann soll doch nicht unterschlagen werden, daß hinter diesen didaktischen Arrangements auch didaktische Theorie-Reflexionen stecken, die wenigsten kurz dargestellt werden sollen.

Hier die leitenden didaktischen Prinzipien:

1. Problemorientiert-ideologiekritische Didaktik

Das Problem-Thema hat nicht nur in der theologischen Tradition seinen Ort, sondern ist in gleicher Weise in verschiedenen

Theorie-Traditionen der Natur- wie der Gesellschaftswissenschaften beheimatet, die alle bestimmte gesellschaftliche Erfahrungen repräsentieren. Auch ein konfessionell bestimmter Religionsunterricht oder kirchliche Erwachsenenbildung kann sich nicht auf die Bearbeitung theologisch orientierter Traditionen beschränken. Vielmehr sind alle relevanten Traditionen in einen offenen, ideologiekritischen Diskurs zu bringen, dessen Ergebnis nicht normativ vorherbestimmt sein darf.

2. Materialistische Didaktik

Allem Denken liegt sinnliche Wahrnehmung, konkretes Erleben zugrunde, das über sprachlich-diskursive oder präsentativbildliche Symbole (A. Lorenzer) verarbeitet wird. Auch im schulischen oder außerschulischen Lernen sollte diese materielle Basis neu zum Zuge kommen, wenn nicht die kognitivistische Engführung des Lernens gerade in der gymnasialen Oberstufe totes Wissen produzieren soll. Damit werden natürlich nicht Lernziele wie Reflexionsfähigkeit und kritisches Bewußtsein aufgehoben, aber sie sollen vom Kopf auf die Füsse gestellt werden. »Macht den Religionsunterricht sinnlicher!« könnte das Motto sein, unter dem Lehrer wie Schüler sinnlich-symbolisch miteinander interagieren und ihre Erfahrungen bearbeiten in Auseinandersetzung mit den Erfahrungen, die den geistigen Traditionen zugrunde liegen.
In diesem didaktischen Konzept geht es darum, neben der unvermeidlichen Textarbeit so viel wie möglich die individuelllebensgeschichtlichen und die kollektiv-gesellschaftlichen *Erfahrungen der Schüler* ins Spiel zu bringen, sie bewußt werden zu lassen, zum Gegenstand des Unterrichts zu machen, sie in Kommunikation zu bringen mit den Erfahrungen anderer.
Daneben ist *Handlungsorientierung* ein notwendiger Akzent. Auch Oberstufenschüler bestehen nicht nur aus dem Kopf. Piaget hat schlüssig dargestellt, daß jedem Denkakt ursprünglich ein Handeln zugrunde gelegen hat. »Learning by doing« ist mehr als eine pragmatische Methode. Lernen im praktischen Handlungsvollzug ist die einzige Chance, das lebendige Leben von Bildung und Schule nicht abzukoppeln.
Ein weiterer Akzent wird auf der sinnlich-symbolischen Präsentation der Unterrichtsstoffe zu liegen haben. Konkrete sinnliche Anschauung ist nicht nur für den Schüler der Sonderschule notwendiges Lern-Medium. Die in der Oberstufe anzustrebende Abstraktionsfähigkeit braucht die Rückkoppelung zur Basis des

Erlebens. Für die Erwachsenenbildung werden diese Prinzipien materialistischer Didaktik noch mehr notwendig sein als in der organisierten Denkschule des Gymnasiums.
Die hier angebotenen »Unterrichtlichen Konkretionen« versuchen, diesen Einsichten gerecht zu werden. Es gelingt ihnen sicher nur ansatzweise, da didaktische Phantasie erst noch zu entwickeln ist und manche Möglichkeit durch das System Schule unterbunden wird.

I. Erfahrungen und Symbole des Bösen

1. Assoziationen

LE 1 (Lernelement)
Brainstorming »Das Böse«
Assoziationen, Einfälle, Gefühlsreaktionen
Auswertung: Ordnen und Bewerten:
Symbole/Gefühle/Gesellschaftliche Phänomeme/Religiöse Traditionen
Was für Erfahrungen mit »Bösem« schlagen sich nieder?

LE 2 (alternativ zu LE 1)
Collagen aus Bildern und Texten von Illustrierten einzeln oder in Gruppen.
Auswertung: Vorstellung der Collagen
Diskussion

LE 3
Rundgespräch über persönliche Erfahrung des Bösen. Die Teilnehmer haben jeder ein eigenes Erleben oder ein Medium, Text, Bild, Musik, Literatur usw. mitgebracht, das für sie bedeutsam ist als Symbol für die Erfahrung vom Bösen.
Ablauf: Jeder Teilnehmer stellt sein persönliches Symbol vor und erläutert die lebensgeschichtliche Einbindung. Die anderen Teilnehmer haben die Möglichkeit, nachzufragen. Keine Sach-Diskussion, sondern Erfahrungsgespräch.

2. Erfahrungen des Bösen lösen Ängste aus

LE 4
Bild von E. Munch »Der Schrei«

»Der Schrei«. Edvard Munch, 1895.

Aufgabe: Betrachten Sie das Bild und schreiben Sie auf, was für Gedanken und Gefühle und Erlebnisse dieser schreiende Mensch haben könnte. Versetzen sie sich an seine Stelle und geben sie direkt wieder, was in dem Schrei, Gesprochenes oder Unausgesprochenes, sich Luft macht.

Ablauf: In Kleingruppen lesen sich die Teilnehmer ihre Notizen vor und diskutieren darüber, welche Ängste sich darin vornehmlich artikulieren. Im Plenum berichten die Gruppen. Diskussion über Ängste und ihre Ursachen.

LE 5 (evtl. alternativ zu LE 4)
Der verstorbene Filmemacher R. W. Fassbinder hat einen seiner Filme nach einer arabischen Redensart *»Angst essen Seele auf«* betitelt. In dem Film geht es um die Beziehung einer älteren Frau zu einem sehr viel jüngeren Marokkaner. Beide finden zueinander, weil sie unter Einsamkeit und Isolierung leiden.

Aufgabe: Meditieren Sie über diesen Satz!
Was fällt Ihnen dazu ein?
Was könnte damit gemeint sein?
Welche Wirkung haben Ängste auf den Menschen?

LE 6
Der Theologe E. Drewermann hat folgende These aufgestellt:
»Die Angst ist es, die böse macht, und das Böse ist es, das Angst macht.«

Aufgabe: Wie verstehen Sie den hier behaupteten Zusammenhang von Angst und Bösem?
Können Sie das bestätigen?
Gibt es Beispiele dafür?

LE 7
Spätestens jetzt müssen wir uns um eine nähere *Definition* kümmern, was unter »Bösem« zu verstehen ist.

Aufgabe: Jeder Teilnehmer bringt entweder eine eigene Definition mit oder sucht eine geläufige Definition aus Lexikon-Artikel oder sonstiger Literatur heraus. Die Definitionen werden in Kleingruppen verglichen und durchdiskutiert. Es wird eine Gruppen-Definition erarbeitet, die im Plenum vorgestellt und diskutiert wird.
Ziel: eine gemeinsame Arbeitshypothese über das Verständnis von Bösem. Rückbezug zu LE 6

3. Wovor haben wir Angst?

LE 8
Erkundungsaufgabe: In Kleingruppen wird ein Interview-Leitfaden entworfen. Jeder Teilnehmer interviewt einen Bekannten.
Ziel: Welche Rolle spielt die Angst im Leben von Menschen? Wovor haben sie Angst und welche Auswirkungen hat das für das Leben?

LE 9

Statistisches Material einer Emnid-Untersuchung »Die Angst der Deutschen« (1982)

Die Ängste der Bundesbürger: 1975 – 1978 – 1981

	1975 %	1978 %	1981 %
Krankheit	17	26	19
Unfälle	7	8	8
Tod	4	6	3
Alter	2	3	2
Arbeitslosigkeit	9	7	8
Schlechte Zeiten	4	1	2
Schlechtere Wirtschaftslage	3	1	3
Inflation, Preissteigerung	5	3	10
Umweltverschmutzung	*	*	5
Krieg, Atomkrieg	17	12	35
Kommunismus	3	2	2
Terror, Radikalismus	4	5	2
Fortschritt	1	*	*
Prüfungsangst	1	1	1
Zukunft	1	4	6
Habe keine Angst	13	12	11
Sonstige	5	11	6
Keine Angaben	10	13	7

Aufgabe: Auswertung der Vergleichstabelle.
Interpretation des Trends.

LE 10

Der Club-of-Rome-Präsident (A. Peccei) prophezeit der Menschheit das Ende. In den folgenden 10 Punkten sieht er die gravierendsten Weltprobleme:

»Auf dem Weg in die Katastrophe«

Die Bevölkerungsexplosion: Die Überbevölkerung ist sowohl ein Multiplikator für alle bestehenden Probleme als auch die Ursache immenser neuer. Wenn man dies nicht erkennt, wird die Lage nur noch schlimmer.

Das Nicht-Vorhandensein von Plänen und Programmen, um die elementaren Bedürfnisse dieser riesigen Menschenmasse zu befriedigen und ihr ein anständiges Leben zu bieten. Fast ein Viertel der Erdbewohner lebt in absoluter Armut und höchster Not; niemand weiß, wie vielen Menschen morgen dasselbe Los beschert wird.

Die Zerstörung der Biosphäre: Die vier wichtigsten biologischen Systeme, die das menschliche Leben erhalten – das Ackerland, das Weideland, die Wälder und die Meeresfauna –, sind ausgepowert. Außerdem sind die Ökosysteme der Welt von der Verschmutzung durch den Menschen betroffen und bedroht.

Die Krise der Weltwirtschaft: Die Rezession, das Chaos in Währungs- und Finanzfragen, die Inflation, die Arbeitslosigkeit, das ungehemmte Wachstum, der übermäßige Konsum, die Verschwendung von Ressourcen und die Unterentwicklung sind die Symptome einer krankhaften und beunruhigenden Entwicklung. Die am leichtesten zugänglichen Energiequellen versiegen. Die industrielle Zivilisation untergräbt ihre eigenen Grundlagen.

Der Rüstungswettlauf, der mit der progressiven Militarisierung einhergeht: Die Militärausgaben erreichen spektakuläre Rekordhöhen, und die Vernichtungskapazität der Waffen nimmt immer furchterregendere Ausmaße an. Demnach ist eine Obergrenze noch nicht in Sicht.

Die Vernachlässigung tiefgreifender sozialer Übel: Wir leben in einer materialistischen Überflußgesellschaft, die vom Egoismus, von der Ungerechtigkeit und Intoleranz bestimmt ist. Ihre bitteren Früchte sind: Entfremdung, Apathie, Verbrechen, Drogen, Revolten, Gewalt, Terrorismus, Folter bis hin zum Völkermord.

Die anarchische wissenschaftlich-technische Entwicklung: Den »Fortschritt« betrachtet man als Selbstzweck. Er vollzieht sich gleichgültig gegen die vorrangigen Bedürfnisse der Gesellschaft und deren Fähigkeit, den Fortschritt zu verkraften. Seine Kosten und sein Gewinn sind höchst ungleich verteilt.

Die Überalterung und Verknöcherung der Institutionen: Sie sind hinter der Entwicklung des Lebens der Nationen und der Erde zurückgeblieben. Angesichts des wachsenden allgemeinen Chaos sind sie überfordert. Das politische Leben paralysiert sich zunehmend.

Der Ost-West-Gegensatz und das Nord-Süd-Gefälle: Sie sind ein Beweis für die politische und psychologische Unreife der großen Menschengruppen und ihrer Regierungen. Unter diesen Umständen ist die Welt unregierbar.

Der Mangel an moralischer und politischer Führung: Die führenden Persönlichkeiten sind ihrer Ideologie, ihrer Überzeugung, ihrem Mandat und ihren Privilegien verhaftet. Keiner ergreift Partei für den Menschen. So bleibt das Individuum hilflos und allein seinem Schicksal überlassen.

Aus: Der Spiegel, Nr. 21/1981

Bearbeitungsvorschläge:

– Diskutieren Sie die einzelnen Punkte!
  Versuchen Sie, eine Rangliste aufzustellen.

Gibt es einen inneren Zusammenhang zwischen den einzelnen Problemen?
- Tauschen Sie sich darüber aus, welches dieser Weltprobleme Ihnen vor allem Angst macht!
- Welche Probleme addieren sich, Ihrer Meinung nach, zu dem Syndrom »Das Böse«, verbunden mit dem Gefühl der Ohmacht und Unausweichlichkeit?

LE 11

In dem folgenden Text eines zeitgenössischen deutschen Philosophen, W. Schulz, wird ein Zusammenhang zwischen Bösem und Unvernunft hergestellt:

An die Stelle des Bösen treten diesem Ansatz entsprechend alle Verhaltensweisen, die in politischer, gesellschaftlicher und ökonomischer Hinsicht die Freiheit verhindern und solchermaßen den Menschen frustrieren und aggressiv machen. Das Böse ist im Grunde Unvernünftigkeit. Auf dieser beruhen alle Formen negativen Verhaltens, auch die Formen der Unterdrückung.

Sucht man das Gesagte zusammenzufassen, das heißt, die sich hier zeigende Grundtendenz herauszustellen, so bietet sich das Programmwort der Epoche an: Aufklärung. Wir sind alle heute vom Willen zur Aufklärung bestimmt. Ob wir uns als Sozialisten, Liberale, kritische Rationalisten, Positivisten oder Technologen verstehen, wir meinen, daß der Fortschritt wesentlich darauf beruhe, daß Unvernunft und Irrationalität aufgehoben würden.

Das Böse läßt sich nicht eindeutig definieren, weder wissenschaftstheoretisch noch moralphilosophisch oder metaphysisch. Gleichwohl: was wir mit dem Bösen meinen, ist ein sehr realer Sachverhalt, gleichsam ein anthropologisches »Urphänomen«, dessen Wurzel der Egoismus und dessen eklatanteste Ausprägung der Hang des Menschen zur Grausamkeit ist. Das sich in der Grausamkeit in seiner radikalen Form zeigende Böse erscheint uns als eine ständig drohende Gefahr des Menschen, und diese Tatsache wird – so meinen wir – durch die heute maßgebende Ethik der rationalen Aufklärung zugedeckt.

Aus: Praktische Philosophie (Ethik Bd. 1, S. 320)

Bearbeitungshinweise:
- Diskutieren Sie die These »Das Böse ist im Grunde Unvernünftigkeit!«
- Beziehen Sie diese These auf den Text von LE 10. Lassen sich die lebensbedrohenden Weltprobleme durch Vernunft lösen? Was spricht dafür, was dagegen?
- Wo liegt nach W. Schulz der Ursprung des Bösen? Wie ist ihre Meinung zu der Alternative: Das Böse außer und/oder in uns?

II. Verarbeitungen in verschiedenen Traditionen

1. *Mythische Projektionen:*

Urgeschichte des Menschen

LE 12
Was ist eine »Projektion«?
Begriffsklärung anhand des Textes S. 20.
LE 13
Die sog. Sündenfallgeschichte Gen. 3,1–24 will eine Antwort geben auf die Frage »Wie ist das Böse in die Welt gekommen?«

Bearbeitungshinweise

- Gliedern Sie den Text in seine thematischen Einheiten und formulieren Sie dafür Überschriften.
- Diesem Text liegen Erfahrungen mit Bösem zugrunde und gleichzeitig Vorstellungen von einer ursprünglich heilen Welt. Versuchen Sie in einer Tabelle beides gegenüber zu stellen:
  Heile Welt
  in Natürlichkeit leben,
  nackt sein

  böse Welt
  Schamhaftigkeit als
  Folge der Schuld
- Welche Projektionen kommen in diesem Text zum Ausdruck: Wer oder was wird für das Böse verantwortlich gemacht?

LE 14 (alternativ zu LE 13)
Auch in der Geschichte vom »Turmbau zu Babel« (Gen. 11,1–9) geht es um eine Projektion des Bösen.

Bearbeitungshinweise:

- Welche Erfahrung mit dem Bösen steht hinter diesem Text?
- Was ist die Ursache des Bösen nach diesem Text?
- Worin besteht die verarbeitende Projektion dieser Erfahrungen?
- Vergleichen Sie den Text mit den beiden Bildern.
- Was soll die moderne Version zum Ausdruck bringen?

»Der Turm zu Babel«.

»Babylon heute«.

LE 15
Die mythologische Gestalt des Teufels: Begriff und Funktion.
Brainstorming: Teufel
Lexikon-Artikel
Verschiedene Namen: Teufel, Satan, Diabolos, Beelzebub usw.
Was bedeuten Sie?
Welche Funktionen hat die Teufelsgestalt in den verschiedenen Ausprägungen?

LE 16
Hiob in der Hand des Satans

»Der Herr sprach zum Satan: Hast du achtgehabt auf meinen Knecht Hiob? Daß seinesgleichen keiner ist auf Erden, ein Mann so fromm und bieder, so gottesfürchtig und dem Bösen feind? Noch hält er fest an seiner Frömmigkeit; und du hast mich wider ihn gereizt, ihn ohne Ursache zu verderben. Der Satan antwortete dem Herrn und sprach: Haut um Haut! Alles, was der Mensch hat, gibt er um sein Leben. Aber recke doch einmal deine Hand aus und rühre sein Fleisch und Gebein an; fürwahr, er wird dir ins Angesicht fluchen. Da sprach der Herr zum Satan: Wohlan, er ist in deiner Hand! Nur seines Lebens schone! Da ging der Satan hinweg vom Angesicht des Herrn und schlug Hiob mit bösem Geschwür von der Fußsohle bis zum Scheitel. Und er nahm sich eine Scherbe, sich damit zu kratzen, während er mitten in der Asche saß. Da sprach seine Frau zu ihm: Hältst du noch fest an deiner Frömmigkeit? Fluche Gott und stirb! Er aber sprach zu ihr:
Wie eine der Törinnen redet,
so willst auch du reden?
Das Gute nehmen wir an von Gott
und das Böse sollten wir nicht annehmen?«

Hiob 2,3–10

Bearbeitungshinweise:
- Welche Funktion hat der Satan?
- Vergleichen Sie den Teufelspakt bei Hiob mit dem Pakt zwischen Mephisto und Faust in Goethes Faust I!
- Wie sieht die Antwort des Hiob aus?
- Können Sie sich mit der Antwort Hiobs identifizieren, wenn Sie sich in bedrängter Situation befinden?

LE 17

Jesus Christus wird vom Satan versucht: Matthäus-Ev. 4,1 ff.

> Bearbeitungshinweise:
>
> Die Versuchungsgeschichte ist als Streitgespräch zwischen Jesus und dem Satan aufgebaut.
> - Welche Rolle spielt der Satan?
> - Um welche Thematik streiten sie sich?
> - Auf welche Autorität beziehen sie sich?
> - Vergleichen Sie die drei Versuchungen.
>   Welche Position vertritt der Satan?
>   Welche Position vertritt Jesus?
> - Welche Ausprägung der Projektion liegt hier bei der Satans-Gestalt vor?

LE 18

Vergleich der beiden mittelalterlichen Bilder auf S. 29 u. 31.

> Bearbeitungshinweise:
> - Wie werden Himmel und Hölle dargestellt?
> - Welche Funktion hat der Teufel?
> - Was sagen die Bilder über das mittelalterliche Lebensgefühl und die Theologie aus?
> - Welche Beziehungen sehen die Bilder zwischen dem Bösen und der Sinnlichkeit?

LE 19

Text: Predigt des Regensburger Bischofs 1976 in Altötting, S. 32:

> Bearbeitungshinweise:
> - Die »Notwendigkeit« des Teufels wird auf zwei Ebenen begründet: auf einer anthropologisch-ethischen und auf einer theologischen.
>   Überprüfen Sie die Stichhaltigkeit der Argumente.
> - Welche Funktion hat der Teufel demnach?
> - Wie ist dieser Teufelsglaube vom psychologischen Projektionstheorem her zu interpretieren?

LE 20

Hexen-Geschichte

Der Artikel »Hexe« aus dem dtv-Lexikon informiert über die wichtigsten Daten der Hexengeschichte.

»Hexe (westgerman.; wohl verwandt mit Hag ›Hecke‹), teuflische Zauberin. Im Volksaberglauben stehen die H. mit dem Teufel im Bunde und fügen den Menschen und Tieren Schaden zu; sie sind gewöhnlich häßliche alte Weiber, aber auch männliche Hexenmeister. Man nahm an, daß die Kunst der H. am wirksamsten in der Walpurgis-, Oster- und Johannisnacht, in den Zwölften, am Georgs- und Andreastag sei. Die H. sollten alljährlich an der Hexenfahrt auf den Blocksberg teilnehmen, gewöhnlich auf einem Besen (Hexenbesen) oder Ziegenbock durch die Luft reitend, und mit den Höllenbewohnern schändliche Feste, die Hexensabbate, veranstalten. Der Glaube an H. hatte im MA. einen gewaltigen Umfang angenommen; daraus entwickelten sich die Hexenverfolgungen. Die päpstl. Inquisitoren Heinrich Institoris und Jakob Sprenger errichteten in ihrer Schrift ›Malleus maleficarum‹, dem ›Hexenhammer‹ (1489; dt. ^{3}1922/23), ein ganzes Lehrgebäude des Hexenwahns und der Hexenbekämpfung. Unter dem Einfluß des ›Hexenhammers‹ setzte eine Hochflut von Hexenprozessen ein. Neben den Geständnissen diente als Überführungsmittel bes. die Hexenprobe (→ Gottesurteil). Die verurteilte H.wurde auf dem Scheiterhaufen verbrannt. Erst im 18. Jh. ließen die Hexenprozesse allmählich nach.«

dtv-Lexikon 1966, Bd. 8, S. 297

Aufgabe: Stellen Sie aus dem Lexikon-Artikel und dem Text S. 33ff. die Entwicklungsgeschichte des Hexenglaubens zusammen.

LE 21

Hexensabbat auf dem Blocksberg (Bild von 1669)

Bearbeitungshinweise:

- Machen Sie sich die mythologische Dramatik dieser Szene klar!
- Stellen Sie die einzelnen mythologischen Elemente in ihrem Bedeutungsgehalt heraus:
  Hexenritt
  Teufelskuß
  Hexentanz
- Wie werden Teufel und Hexen dargestellt?
- Welches Verhältnis haben die beiden miteinander?
- Was ist Ihrer Meinung die hinter dem Hexensabbat stehende Erfahrung des Bösen, wie der mittelalterliche Mensch sie machte?
- Welche Verarbeitungsweise von Erfahrungen des Bösen steht hinter dem Hexenglauben?

»Hexensabbat auf dem Blocksberg«. Aus: J. Praetorius, Blockes-Berges Verrichtung. Leipzig 1669.

LE 22
Das Böse in der antiken Philosophie

»Das klassisch-griechische Denken setzte von *Heraklit* (um 550 bis um 480 v. Chr.) bis zum römischen Feldherrn und Naturforscher *Plinius* (23/4 bis 79 n. Chr.) immer schon das Vertrauen auf einen ewigen Kosmos voraus. *Plinius* d. Ä. rühmte:
›Die Welt ist heilig, ewig, unermeßlich; alles in allem und das eine Ganze selbst; unbegrenzt und doch ähnlich dem Begrenzten; zuverlässig in allen Dingen und doch dem Regellosen ähnlich; sie faßt alles in sich, das nach außen Hervortretende und das inwendig Verborgene; sie ist zugleich ein Werk der Natur der Dinge und die eine Natur der Dinge selbst.›«

Zit.nach: Funkkolleg praktische Philosophie/Ethik Studienbegleitbrief Nr. 9, S. 45

Bearbeitungshinweise:
- Worauf begründet sich das »Kosmos-Vertrauen« der Antike?
- Wie haben sich die Menschen in einem solchen Bild von der Welt wohl gefühlt?
- Wo hat in diesem antiken Weltbild das Böse seinen Ort?

LE 23
Augustins Erbsündenlehre
Zu Person und Werk:

»Als *Augustin* (345–430; ab 396 Bischof von Hippo in Nordafrika) den Eindruck gewann, daß der Mensch durch die Strafe Gottes, die er durch die Schuld der Sühne auf sich ziehe, ein für allemal an die eingeschlagene gottwidrige Grundrichtung seines Willens gebunden sei, dachte er über das Verhältnis der Ur-Sünde *Adams* zu einer zwanghaften, bösen Begierde (concupiscentia) aller Menschen nach und entwickelte die Lehre von der Erbsünde. Sie wurde von einer afrikanischen Synode mit Zustimmung des römischen Bischofs 418 bestätigt und zum Dogma erhoben.«

H. P. Schmidt, Funkkolleg, a.a.O., S. 44

Aus der Schrift »Der freie Wille«

»Nach der Verführung des Weibes und nach dem durch das Weib bewirkten Sturz des Mannes stellte der Teufel in arglistiger Schadensbegierde, aber immerhin mit billigem Recht die gesamte Nachkommenschaft des ersten Menschen, als hätte sie mit ihm gesündigt, unter die Gesetze des Todes. Doch diese Macht dauerte nur so lange, bis er den

Gerechten vernichtet hatte, an dem er nichts Todeswürdiges zeigen konnte, da Er ja nicht nur ohne Schuld getötet, sondern auch ohne Begierde gezeugt ward. Diese Begierde ist es, der alle vom Teufel unterworfen sind, der sie mit ihr sich zu eigen gemacht hat, auf daß, was immer durch sie geboren wird, wie Früchte eines und desselben Baumes, durch böses Verlangen, aber auf Grund eines rechtmäßigen Gesetzes in seiner Macht verbleibe. ...

Da ja der Wille die Ursache der Sünde ist, du aber die Ursache dieses Willens suchst, würdest du, wenn ich sie finden könnte, nicht auch die Ursache dieser gefundenen Ursache erforschen wollen? Wo setzt du da dem Forschen eine Grenze, wo endet dann dieses Verlangen nach Erklärung und das Fragen, wenn du nicht, wie es einzig ersprießlich ist, an der Wurzel stehenbleibst, sondern noch über sie hinaus willst? Hüte dich zu glauben, man hätte etwas Wahreres sagen können als den Satz: »Die Wurzel aller Übel ist die Habgier« (1 Tim 6,10), das heißt mehr wollen als genügt. Das Genügen wird aber durch das Maß bestimmt, das ein Wesen zu seiner Erhaltung gemäß seiner Art fordert. Habsucht, auf griechisch pelapyvpia, beschränkt sich nicht allein, wie es sich in diesem Namen vor allem ausdrückt, auf Silber und Münzen, weil bei den Alten die Münzen aus Silber oder einer Silberlegierung gemacht wurden; sondern sie erstreckt sich auf alle Dinge, die unmäßig begehrt werden; wie gesagt: sie ist das Mehrwollen als genügt, in jeder Beziehung.

Und diese Habsucht ist Begierde, und Begierde ist schließlich unlauterer Wille. Also ist der unlautere Wille die Ursache aller Übel. Wäre er der Natur gemäß, so würde er zumindest die Natur erhalten und ihr nicht schädlich und daher auch nicht schlecht sein. Daraus ergibt sich, daß die Wurzel aller Übel nicht der Natur gemäß ist, was ausreicht gegen alle, die so gerne die Natur anklagen wollen.

Wenn du aber nach der Ursache dieser Wurzel suchst, wie soll dann die Wurzel aller Übel beschaffen sein? Du kannst in ihr nur wieder die Ursache der Habsucht sehen; aber wenn du sie entdeckt hast, wirst du noch die Ursache dieser ersten Ursache suchen wollen, und des Fragens würde, wie ich schon sagte, nie ein Ende sein.«

Zit. nach: Aurelius Augustinus, Der freie Wille, S. 145f., 160f.

Bearbeitungshinweise:

- Wodurch ist nach Augustin das Böse entstanden?
- Welche Erfahrungen könnten dahinter stecken?
  Informieren Sie sich über die Biographie Augustins
- Welche Folgen mußte Augustins »Vererbungslehre« der Sünde für das Selbstverständnis des mittelalterlichen Menschen haben?
- Können Sie heute noch Spuren dieser Erbsündenlehre in der kirchlichen Praxis wiederfinden?

LE 24
Leibniz und das Theodizeeproblem
Ein heutiger Theologe, Günther Bornkamm:

»Wo diese Frage – die Theodizeefrage – gestellt wird, da sind Atheismus und Nihilismus immer schon im Begriff, ihr schreckliches Gesicht zu erheben. Denn der Atheismus ist allermeist nichts anderes als die Haltung und Überzeugung derer, die an der Theodizeefrage gescheitert sind, und, irre geworden an Gottes Gerechtigkeit, mit ihm überhaupt gebrochen haben. Das ist seit zwei Jahrhunderten, seit G. W. Leibniz sein großes Werk über die Theodizee schrieb, in der Geschichte des modernen Geistes ganz deutlich. Als Leibniz diese Frage angriff und mit großer Weisheit und Zuversicht erweisen zu können meinte, daß die Einrichtung der Welt vernünftig und gerecht sei und unter allen denkbaren Welten die unsere die beste sei, ausgewogen nach mathematischen Gesetzen und gesteuert von der gerechten Vorsehung Gottes wie ein großes Staatswesen, und daß um dieser Ordnung und Gerechtigkeit des Ganzen willen auch wohl das Glück einzelner Menschen geopfert werden müsse, da war das Fundament des Glaubens längst erschüttert. Der Atheismus hatte in Frankreich längst sein wildes Haupt erhoben, und die klugen und ehrfürchtig gemeinten Antworten der deutschen Philosophen, die den Vertretern der französischen Religionskritik begegnen wollen, konnten, so sehr sie es erstrebten, dem Atheismus nicht mehr wehren. Der mit Gott zerfallene Mensch war nicht mehr gewillt, sich diesem rätselhaften Gott zu beugen, und konnte mit der Lehre, daß diese Welt die denkbar beste sei, sich nicht mehr zufrieden geben. Man kann es in den Kindheitserinnerungen Goethes nachlesen, wie ein halbes Jahrhundert nach Leibnizens großem Werk die Welt erschüttert wurde durch die Nachricht des furchtbaren Erdbebens von Lissabon, wo in einer einzigen Nacht 60 000 Menschen ein Opfer der Vernichtung wurden und Frevel und Gemeinheit auf den Trümmern zu triumphieren begannen, wie da mit jenem Erdbeben auch der Glaube an Gottes Güte und Gerechtigkeit ins Wanken geriet und kein Philosoph mit seinen Trostgründen und kein Geistlicher mit seiner Strafpredigt die Antwort darauf zu geben wußte, wie sich solche sinnlosen Schrecken mit Gottes Gerechtigkeit und Güte sollten vereinbaren lassen. Bis heute ist diese Erschütterung nicht zur Ruhe gekommen. Ja, das Erdbeben hat gleichsam die ganze Welt ergriffen und die Katastrophen der Kriege und Nachkriegsschrecken haben ein Ausmaß erreicht, von dem jene früheren Zeiten sich nichts träumen ließen. Und vielen scheint es, als ob die Frage nach Gottes Gerechtigkeit nur vollends eine Absurdität und das Bekenntnis zum Atheismus einfach ein Gebot geworden und wissen auf jene ungelösten Fragen noch immer keine ›exakte‹ Antwort und unterscheiden uns von jenen früheren Generationen höchstens darin, daß wir ihren Optimismus nicht mehr teilen und gegen jede Antwort, die uns angeboten werden könnte, von vornherein skeptisch sind. Wir trauen ihr nicht und erfahren es ja auch am eigenen Leibe zur Genüge, daß selbst mit den besten

Antworten ein verwundetes Herz nicht geheilt und ein zerschlagener Sinn nicht getröstet werden kann. Dunkel oder klar wissen wir alle, daß wir an dieser abgründigen Frage der Theodizee scheitern müssen. Hinter dieses Wissen wollen wir nicht zurück.«

G. Bornkamm, Die Frage nach der Gerechtigkeit Gottes, S. 201 f.

Bearbeitungshinweise:
- Machen Sie sich die Position von Leibniz klar!
- Welchen Zusammenhang zwischen dem Problem des Bösen und dem Atheismus sieht Bornkamm?
- Wie können wir heute mit den Erfahrungen des Bösen fertigwerden?

LE 25
I. Kant: Der Mensch ist von Natur böse

»Der Satz: der Mensch ist böse, kann nach dem obigen nichts anderes sagen wollen als: er ist sich des moralischen Gesetzes bewußt und hat doch die (gelegenheitliche) Abweichung von demselben in seine Maxime aufgenommen. Er ist von Natur aus böse, heißt so viel als: dieses gilt von ihm in seiner Gattung betrachtet; nicht als ob solche Qualität aus seinem Gattungsbegriffe (dem eines Menschen überhaupt) könne gefolgert werden (denn alsdann wäre sie notwendig), sondern er kann nach dem, wie man ihn durch Erfahrung kennt, nicht anders beurteilt werden, oder man kann es als subjektiv notwendig in jedem, auch dem besten Menschen voraussetzen. Da dieser Hang nun selbst als moralisch böse, mithin nicht als Naturanlage, sondern als etwas, was dem Menschen zugerechnet werden kann, betrachtet werden, folglich in gesetzwidrigen Maximen der Willkür bestehen muß; diese aber der Freiheit wegen für sich als zufällig angesehen werden müssen, welches mit der Allgemeinheit dieses Bösen sich wiederum nicht zusammen reimen will, wenn nicht der subjektive oberste Grund aller Maximen mit der Menschheit selbst, es sei wodurch es wolle, verwebt und darin gleichsam gewurzelt ist: so werden wir diesen einen natürlichen Hang zum Bösen, und da er doch immer selbstverschuldet sein muß, ihn selbst ein radicales, angebornes, (nichts destoweniger aber uns von uns selbst zugezogenes) Böse in der menschlichen Natur nennen können. ...

Der Grund dieses Bösen kann nun ... nicht, wie man ihn gemeiniglich anzugeben pflegt, in der Sinnlichkeit des Menschen und den daraus entspringenden natürlichen Neigungen gesetzt werden. Denn nicht allein daß diese keine gerade Beziehung aufs Böse haben (vielmehr zu dem, was die moralische Gesinnung in ihrer Kraft beweisen kann, zur Tugend die Gelegenheit geben): so dürfen wir ihr Dasein nicht verantworten (wir können es auch nicht, weil sie als anerschaffen uns nicht zu Urhebern haben), wohl aber den Hang zum Bösen, der, indem er die Moralität des Subjects betrifft, mithin in ihm als einem frei handelnden Wesen angetroffen wird, als selbst verschuldet ihm muß zugerechnet werden können: ungeachtet der tiefen Einwurzelung desselben in die Willkür, wegen welcher man sagen muß, er sei in dem Menschen von Natur anzutreffen.«

Zit.nach: Kants Werke, Bd. VI, S. 32, 38

Bearbeitungshinweise: – Wie begründet K. seine These »Der Mensch ist von Natur aus böse«? – Worin liegt nach K. die Ursache des Bösen? – Vergleichen Sie die Position Kants mit der von Augustin! – Welche Konsequenzen hat diese Sicht Kants für die heutige Problematik des Bösen?

LE 26

Die Frau, Ursache alles Übels.

Zusammenfassende Diskussion der bisherigen Analysen unter der Leitfrage »Welche Rolle spielt die Frau in den verschiedenen Traditionen der Lösungsversuche auf die Frage nach dem Bösen, von der Urgeschichte bis Kant?«

3. *Aggression in den Humanwissenschaften*

LE 27

Theorien der Aggression

Die Instinkttheorie

»Nach der Instinkttheorie ist der Mensch von Natur aus aggressiv. Aggressivität soll sich innerlich laufend aufbauen, so daß es in gewissen Zeitabständen zu Entladungen der aufgestauten Impulse kommen muß. Dies ist in typischer Form die einfachste ›Erklärung‹ von auffälligem Verhalten, nämlich seine Ursachen in den Handelnden selbst hineinzuverlegen.

Sigmund Freud hat einen Aggressionstrieb angenommen und in einer komplizierten Theorieentwicklung, die wenig Anhänger gefunden hat, mit dem sog. Todestrieb in Verbindung gebracht. In einem Briefwechsel mit *Albert Einstein* aus dem Jahre 1932 über Möglichkeiten, Kriege zu

verhindern, betonte er die instinktmäßigen Grundlagen des menschlichen Zerstörungsdranges und hielt Versuche, ihn abzubauen, für fruchtlos. Was man allenfalls mit dem gesellschaftlichen Fortschritt erreichen könne, sei, unschädliche Möglichkeiten der Abreaktion bereitzustellen.
Ein Vertreter der Instinkttheorie ist der Verhaltensforscher *Konrad Lorenz*. Ähnlich wie *Freud* nimmt *Lorenz* an, daß im Organismus ständig eine Art aggressiver Triebenergie erzeugt wird, die sich bei Ausbleiben von auslösenden Reizen anstaue.
In weiten Kreisen populär geworden ist die Triebtheorie wegen ihrer die Tierarten vergleichenden Studien und ihrer interessanten Darstellungsweise. In der Wissenschaft ist die Theorie jedoch heftig umstritten.

Die Frustrations-Aggressions-Theorie

Innerhalb der Psychologie hat sich demgegenüber seit über 30 Jahren die Frustrations-Aggressions-Theorie durchgesetzt. Nach dieser Theorie ist Aggression kein autonomer, im Organismus entstehender Trieb, sondern die Folge von sog. Frustrationen, d. h. die Folge der Behinderung bzw. Vereitelung angestrebter Ziele.
Obwohl Aggression hier als ein reaktiver Trieb angesehen wird, gibt es manche Übereinstimmungen mit Instinkttheorien der Aggression. Da jeder Mensch häufig und in den verschiedensten Weisen frustriert wird, muß er auch ein zunehmendes Aggressionspotential aufbauen, das wie in den Instinkttheorien nach periodischer Entladung verlangt. Beide Theorieansätze nehmen an, daß aggressives Verhalten die angestaute Aggression vermindere, eine Annahme, die – wie wir sehen werden – sich nach dem gegenwärtigen Forschungsstand nicht mehr aufrecht erhalten läßt. Dennoch wird sie bis heute, und dazu noch in aufklärerischer Absicht, in der Öffentlichkeit vertreten; etwa in der Forderung, aggressives Verhalten von Kindern zu tolerieren oder periodisch Möglichkeiten aggressiven Auslebens bereitzustellen.

Die soziale Lerntheorie der Aggression

Die soziale Lerntheorie der Aggression versucht demgegenüber eine weit schärfere Bedingungsanalyse des aggressiven Verhaltens. Die Forschungsentwicklung ist zur Zeit noch sehr in Fluß. Einer ihrer führenden Vertreter ist *Albert Bandura*.
Als Anregungsbedingungen wird in dieser Theorie statt Frustration eine erhöhte emotionale Erregung aufgrund unangenehmer Erlebnisse angenommen. Eine solche Erregung löst jedoch nur dann aggressive Formen des Verhaltens aus, wenn man gelernt hat, auf diese Weise mit Belastungssituationen fertig zu werden. Hier machen individuelle Unter-

schiede sehr viel aus, und es gilt, die persönliche Geschichte des Lernens an Bekräftigungen und an Vorbilder-Beobachtung zu berücksichtigen.«

Aus: Funkkolleg, Pädagogische Psychologie, Studienbegleitbrief Nr. 2, 1972, S. 93f.

Bearbeitungshinweise:

Der Text ist eine Kurzdarstellung der drei verbreitetsten Theorien zur Aggression.
Erheben Sie:
- auf welche Ursache wird Aggression zurückgeführt?
- welche Funktion hat Aggression nach den einzelnen Theorien?
- finden Sie Beispiele aus dem alltäglichen Leben, die für die jeweilige Theorie sprechen!
- welche kritischen Einwände haben Sie?
- welche Konsequenzen hätten die einzelnen Theorien für persönliches und gesellschaftliches Verhalten?

LE 28 Ein Experiment

1963 wurde in den USA unter der Leitung von S. Milgram eine Untersuchung auf dem Gebiet der Aggression durchgeführt, die großes Aufsehen erregt hat. 1970 wurde diese Untersuchung in der Bundesrepublik wiederholt und unter dem Titel »Abraham – Ein Versuch« im Fernsehen veröffentlicht.
Der folgende Text gibt eine Kurzbeschreibung des Experiments:

Abraham – ein Versuch

Hans Lechleitner führte in Zusammenarbeit mit Paul Matussek und David Marc Mantell von der Forschungsstelle in der Max-Planck-Gesellschaft ein wissenschaftliches Experiment durch, das auf Untersuchungen des amerikanischen Sozialpsychologen Stanley Milgram basierte.
Der Titel »Abraham« wurde in Anlehnung an die Erzählung der Bibel (1. Buch Moses, 22) gewählt: Abraham erhielt von Gott den Befehl, seinen eigenen Sohn Isaac zu töten. Er war bereit zu gehorchen; aber durch einen zweiten Befehl Gottes wurde der erste für ungültig erklärt.
»Abraham« behandelt das wichtige gesellschaftspolitische Problem von ›Gehorsam und Autorität‹.
100 Männer nahmen als Versuchspersonen an einer als Lehrexperiment getarnten Untersuchung teil. Sie bekamen die Aufgabe, einem »Schüler« gegenüber als »Lehrer« aufzutreten. Bei jeder falschen Antwort wurde der »Schüler« – der in einem anderen Raum saß – vom jeweiligen »Lehrer« mittels laufend gesteigerter Stromstöße bestraft. Die Versuchs-

personen wußten nicht, daß die Stromstöße, die sie wegen einer falschen Antwort austeilten, ohne Wirkung waren; die Schmerzensschreie stammten von einem Tonband. Der »Lehrer« wurde über die Schmerzhaftigkeit der Stromstöße informiert, die ab einer bestimmten Voltzahl tödlich waren. Trotz der zunehmenden Schreie des »Opfers«, trotz des Flehens wurde das Experiment bis zum Ende durchgeführt. Wollten die Versuchspersonen wegen der Schmerzensschreie des »Schülers« aufhören, bekamen sie vom Untersuchungsleiter stereotyp die Antwort: »Es gibt keine andere Wahl. Das Experiment verlangt, daß Sie weitermachen.«

Die erste Versuchsanordnung wurde variiert, indem der ersten Versuchsperson vorgespielt wird, wie eine andere Versuchsperson sich mit Erfolg weigert, bei dem Experiment weiterzumachen. Dadurch untergrub man bewußt die Autorität des Versuchsleiters.

Das Ergebnis des Experiments ist deprimierend: Von 100 Personen gingen bei der ersten Versuchsanordnung 85% (USA 65%) bis zur schweren Strafe, d. h. sie drückten die Taste, von der sie wußten, daß die Stromstöße tödlich waren. – Bei der zweiten Versuchsanordnung war immer noch ein großer Teil bereit, die Untersuchung bis zum bitteren Ende durchzuführen.

Dieses Ergebnis macht klar, daß 85% der Versuchspersonen ohne massiven physischen oder psychischen Druck zum totalen Gehorsam bereit sind. Sie waren willenlose Werkzeuge, wenn sie wußten, daß die Verantwortung ein anderer trägt, von dem sie glaubten, daß er schon das Richtige macht. Der Film beweist auch, wie schnell wir unsere Freiheiten an sog. Autoritäten delegieren.

»Abraham verdeutlicht die Notwendigkeit zu lernen, ungehorsam zu sein. Nicht ›Gehorsam‹ sollte die Devise lauten, sondern ›Ungehorsam‹.«

Hans Strobel

Aus: medium, Zeitschrift für Hörfunk, Fernsehen, Film, Bild und Ton; Januar 1972

Der Fernsehfilm dazu ist ausleihbar:

BRD 1970 – S/W – Fernsehproduktion des Bayerischen Rundfunks, Redaktion Politik und Wissenschaft – R: Hans Lechleitner – 48 Min. – Verleih: Landesfilmdienste, Landeszentrale für politische Bildung Nordrhein-Westfalen

Bearbeitungshinweise:

Das Experiment ist nicht nur als Untersuchung von Gehorsam und Autorität, sondern auch über Grausamkeit und Destruktivität interessant:

- Was besagt Ihrer Meinung nach das Experiment?
- Welche Faktoren sind für die Bereitschaft zum Quälen von Bedeutung?
- Kann man damit das Verhalten von solchen Soldaten im Kriege erklären, die schreckliche Grausamkeiten und Greueltaten begingen, obwohl sie von Hause aus biedere Bürger waren?

- Wie wird aus einem zivilisierten Menschen ein Killer, Folterer, KZ-Wächter?
- Ist das Böse Folge von Manipulation oder steckt es im Menschen?

LE 29 Der sadistische Charakter

E. Fromm hat als Beleg für seine These, daß die Aggression die Folge von bestimmter Charakterprägung ist (vgl. S. 41) eine Charakter-Analyse von Heinrich Himmler gemacht, der als Reichsleiter der SS für die Judenverfolgung und die sog. Endlösung verantwortlich war:

Der folgende Text dokumentiert Auszüge aus dieser Charakter-Analyse:

»Heinrich Himmler,
ein klinischer Fall des anal-hortenden Sadismus

Heinrich Himmler ist ein ausgezeichnetes Beispiel für einen bösartigen, sadistischen Charakter, der das illustriert, was wir über den Zusammenhang zwischen Sadismus und den extremen Formen des anal-hortenden, bürokratischen, autoritären Charakters gesagt haben.

Der ›Bluthund Europas‹, wie Himmler von vielen genannt wurde, war zusammen mit Hitler dafür verantwortlich, daß zwischen fünfzehn und zwanzig Millionen unbewaffneter und machtloser Russen, Polen und Juden hingemordet wurden.

Was ist das für ein Mensch? ...

In dem Maße, wie uns die Gesamtstruktur dieses Charakters deutlich wird, wird sich zeigen, daß er in der Tat ein Musterbeispiel für den *analen (hortenden) sadomasochistischen Charakter* ist, als dessen hervorragende Merkmale wir bereits *übertriebene Ordnungsliebe* und eine *ausgesprochene Pedanterie* feststellten. Seit er fünfzehn Jahre alt war, führte er eine Korrespondenzliste, die er mit jedem Briefeingang und -ausgang vermerkte.

Der Eifer, mit dem er dies betrieb, und seine Pedanterie und die Vorliebe für eine genaue Buchführung, die er dabei bekundete, verrieten eine wesentliche Seite seiner Persönlichkeit. Seine Buchhalter-Mentalität zeigte sich besonders deutlich in der Art und Weise, wie er mit der Post umging, die er von Lu und Käthe (engen Freunden) bekam. (Die Briefe, die er von seiner Familie empfing, sind nicht erhalten.) Auf jedem dieser Briefe und Postkarten vermerkte er nicht nur das Empfangsdatum, sondern auch die Uhrzeit auf Stunde und Minute genau, zu der die Post in seine Hände gelangte. Da es sich dabei vielfach um Geburtstagsglückwünsche und ähnliches handelte, war diese Pedanterie schon mehr als absurd (B. F. Smith, 1971).

Vielleicht hatte Himmler seine Pedanterie zum Teil von seinem Vater geerbt, der ein äußerst pedantischer Mann war, ein Gymnasialprofessor und später Direktor, dessen Hauptstärke seine Ordnungsliebe gewesen zu sein scheint. Er war ein konservativer, im Grunde schwacher Mensch, ein altmodischer, autoritärer Vater und Lehrer.

Er führte sein Tagebuch, genau wie sein Vater es ihm gesagt hatte, und er hatte eine schlechtes Gewissen, wenn er einmal an einem Tag keinen Eintrag machte. Er und seine Eltern waren römisch-katholisch. Sie gingen regelmäßig in die Kirche, während des Kriegs drei- bis viermal die Woche, und er beruhigte seinen Vater, er brauche sich keine Gedanken zu machen, daß er etwa so unmoralische Bücher wie die von Zola lese. Aber wir finden im Leben des jungen Himmler keine Hinweise auf eine leidenschaftliche Religiosität; seine religiöse Einstellung war genau wie die seiner Familie rein konventionell, wie es für seine Klasse charakteristisch war.

Hier liegt vielleicht der tiefste Charakterunterschied zwischen Himmler und Hitler. Hitler war ein ›Rebell‹ (wenn auch kein ›Revolutionär‹); Himmler ging das Element der Rebellion völlig ab. Aus diesem Grunde ist auch die Spekulation unbegründet, daß Himmlers Wandlung zum Nazi ein Akt der Rebellion gegen seinen Vater gewesen sei. Die wahre Motivation für diese Wandlung scheint eine ganz andere gewesen zu sein. Himmler brauchte eine starke, mächtige Führerfigur, um die eigene Schwäche zu kompensieren.

Hitler war für ihn der Gott-Mensch, der die Bedeutung von Christus in der christlichen Religion und von Krischna im Bhagavad-Gita hatte.

Himmlers Unterwerfung unter eine starke Vaterfigur ging Hand in Hand mit einer tiefen und intensiven Abhängigkeit von seiner Mutter, die diesen Sohn liebte und verhätschelte.

In seinen Beziehungen zu jungen Mädchen konnte er seine vorsichtige, steife Haltung nie überwinden, und er legte ›eine so große Distanz zwischen sich und das andere Geschlecht, daß kaum Gefahr bestand, daß seine Keuschheit in Gefahr geriet‹.

Im allgemeinen bot er das zu erwartende Bild eines gehemmten und ängstlichen jungen Mannes, der darunter litt, daß er es nicht fertigbrachte, mit Frauen Beziehungen anzuknüpfen.

Als er später durch seine Schlauheit in der Lage war, die neue politische Lage für seine eigenen Zwecke auszunutzen, hatte er die Möglichkeit, seinem Sadismus in einem historischen Rahmen freien Lauf zu lassen. Die Worte, deren sich der Reichsführer-SS bediente, unterschieden sich nicht wesentlich von denen, die der junge Himmler bei seinen Drohungen gegen Paula angewandt hatte. Das geht aus einer Ansprache hervor, die Himmler 1943 (also etwa zwanzig Jahre später) über die Moral des Schwarzen Ordens gehalten hat:

Ein Grundsatz muß für den SS-Mann absolut gelten: *Ehrlich, anständig, treu und kameradschaflich haben wir zu Angehörigen unseres eigenen Blutes zu sein* und zu sonst niemandem. *Wie es den Russen geht, wie es den Tschechen geht, ist mir total gleichgültig.* Das, was in den Völkern an gutem Blut unserer Art vorhanden ist, werden wir uns holen, indem wir ihnen, wenn notwendig, die Kinder rauben und sie bei uns großziehen. Ob die anderen Völker in Wohlstand leben oder ob sie verrecken vor Hunger, das interessiert mich nur soweit, als wir sie als Sklaven für unsere Kultur brauchen, anders interessiert mich das nicht. *Ob bei dem Bau eines Panzergrabens 10 000 russische Weiber an Entkräftung umfallen oder nicht, interessiert mich nur insoweit, als der Panzergraben für Deutschland fertig wird. Wir werden niemals roh und herzlos sein, wo es nicht sein muß* ... (J. Ackermann, 1970. Im Orginial nicht kursiv).

In diesen Äußerungen kommt der Sadist voll zum Ausdruck. Er will anderen Menschen ihre Kinder rauben, wenn deren Blut gut ist. Er will die Älteren als ›Sklaven für unsere Kultur brauchen‹, und ob sie am Leben bleiben oder sterben, interessiert ihn nicht. Der Schluß der Ansprache ist typisch für die Doppelzüngigkeit Himmlers und der Nazis. Er pocht auf seine moralische Gutherzigkeit, indem er seinen Zuhörern und sich selbst versichert, daß er nur dann grausam und herzlos ist, wenn es sich nicht umgehen läßt. Es ist dies die gleiche Rationalisierung, deren er sich auch in seiner Drohung gegen Paula bediente, wenn er sagte: ›Ich werde ganz andere Saiten aufziehen, wenn mich jemand dazu zwingt.‹

Himmler war ein ängstlicher Mensch, und er brauchte immer eine Rationalisierung, um seinen Sadismus zu beschönigen. Wahrscheinlich mußte er sich auch dagegen abschirmen, daß er offen mit seiner Grausamkeit konfrontiert wurde. *Karl Wolff berichtet, Himmler habe im Spätsommer 1941 einer Massenerschießung in Minsk beigewohnt, und es habe ihn ziemlich erschüttert.* Aber er habe gesagt: ›Ich halte es trotz allem für richtig, daß wir uns das angesehen haben. Wer über Leben und Tod zu entscheiden hat, muß wissen, wie das Sterben aussieht. Und was er den Erschießungskommandos zumutet!‹ (K. Wolff, 1961). Vielen seiner SS-Leute wurde bei diesen Massenerschießungen schlecht; einige begingen Selbstmord, wurden wahnsinnig oder erlitten schweren seelischen Schaden.

So schloß sich der Kreis seines Lebens. *Er mußte die absolute Macht an sich reißen, um sein Gefühl der Schwäche und vitalen Impotenz zu überwinden.* Nachdem er dieses Ziel erreicht hatte, versuchte er sich an diese Macht zu klammern und beging dabei Verrat an seinem Idol. Als er in einem Gefangenenlager ein einfacher Soldat, einer unter Hunderttausenden war, konnte er dieses Herabsinken zu völliger Machtlosigkeit nicht mehr ertragen. Er wollte lieber sterben, als in die Rolle eines machtlosen Menschen zurückgeworfen zu werden, die für ihn gleichbedeutend mit der eines Schwächlings war.«

Aus. E. Fromm, Anatomie der menschlichen Destruktivität, 1977, S. 338–362 (Auszüge).

Bearbeitungshinweise:

- Welche lebensgeschichtlichen Ereignisse sind für Himmlers Charakterbildung maßgebend?
- Welche Funktion haben diese Charakterzüge in Himmlers Lebensgeschichte gehabt?
- Wie sehen Sie das Verhältnis von Charakterprägung und geschichtlichen Ereignissen?
- Was wäre aus Himmler wohl ohne Hitler und dem Nationalsozialismus geworden?
- Trifft auch auf Himmler zu, was Hannah Arendt von Eichmann gesagt hat: »Banalität des Bösen«?

III. Praxisprobleme

Problemaspekt A

Leiden – Das Böse im Leben des einzelnen

LE 30 Eigene Erfahrungen des Umgangs mit Leiden. Erfahrungsgespräch im Gruppenkreis »Wie gehen wir mit Widrigkeiten des Lebens um?« Orientieren Sie sich an H. E. Richters Text:

»Folgende Techniken, die dem Bemühen der Leidensanschaltung dienen, sind üblich:

1. Man versucht, das Leiden als ein von außen gemachtes Übel dadurch zu vernichten, daß man seinen bösen Urheber draußen bekämpft (Leidensvernichtung)
2. Man verfolgt eine Strategie der Vermeidung und Verleugnung (Leidensflucht)
3. Man versucht, sich über das Leiden zu erheben, es in heroischer Weise zu überwinden (Leidensverachtung).«

Aus: H. E. Richter, Gotteskomplex, 1979, S. 130

Bearbeitungshinweise:

- Versuchen sie Beispiele für diese verschiedenen Strategien der Leidensbewältigung zu finden.
- Welche Folgen haben diese Strategien unter Umständen?
- Es gibt noch andere Arten der Leidensbewältigung. Welche haben sie beobachtet?
- Welche Art der Leidensbewältigung halten Sie für sinnvoll und zuträglich?

LE 31 Leben mit Leiden

In dieser kurzen Schilderung eines Krebskranken geht es um das Leben mit dem Leiden

»Es klingt wie die Story eines schlechten Films: Mann im besten Alter, nach sieben Jahren Ehe gerade wieder Junggeselle und beruflich erfolgreich als Vertreter für Zytostatika (Medikamente zur Krebsbehandlung), geht ins Krankenhaus.

Ich habe Krebs. Erst da begann er ›abzusinken in tiefste Depression‹.

... wieder ins Krankenhaus und danach auf die internistische Station verlegt. Dort traf er zum erstenmal auf einen Arzt, der einem offenen Gespräch nicht auswich. Er sagte ihm: Sie werden jetzt operiert. Wir werden die Milz entfernen, weil die Behandlung dann besser anschlägt. Danach folgt eine Ganzkörperbestrahlung und anschließend eine Chemotherapie. Das alles wird nicht gerade angenehm sein. Aber die Chancen stehen nicht schlecht, daß Sie in fünf Jahren geheilt sind.

›Irgendwie hab' ich dem geglaubt‹, sagt Bernd Ebeling. ›Du möchtest ja auch dran glauben. Wenn du merkst, das ist nicht nur leeres Geschwätz, dann greifst du nach jedem Strohhalm.‹ Er weiß bis heute nicht, woher er plötzlich die Kraft hatte, aber er hörte damals auf, mit seinem Schicksal zu hadern. Er begrub die Gedanken an Selbstmord und verbot sich, zu resignieren. Er sagte sich: Okay, du akzeptierst die Krankheit jetzt. Er ›spürte eine Wahrheit‹, die inzwischen für ihn zur Gewißheit geworden ist: ›Ich weiß, daß ich den Krebs aushalten kann, wenn ich mit mir im reinen bin, wenn meine Seele in Harmonie ist.‹

Damals gab es immer wieder Tage, in denen die zuversichtliche Prognose des Arztes und der selbstverordnete Optimismus gegen das in seinem Hirn festgebrannte ›hoffnungslos‹ nicht ankamen. In denen ein Teil von ihm sich weiter an die Hoffnung klammerte und ein anderer sich daranmachte, nicht nur die Krankheit zu akzeptieren, sondern ebenso den möglicherweise nahen Tod.

Auch dabei war es Bernd Ebeling am wichtigsten, ›ins reine‹ zu kommen. Bei der Scheidung hatte er sein Haus verkauft, das er von einem Onkel geerbt hatte, und seiner Frau eine Abfindung gezahlt. Nun drängten ihn seine Freunde, das restliche Geld auf den Kopf zu hauen. Mach dir doch ein schönes Leben, rieten sie ihm. Geh auf Weltreise, oder tu sonst irgend was Verrücktes.«

Aus: Stern Nr. 8/83

Bearbeitungshinweise:

- Versuchen Sie sich in die Situation dieses Mannes hineinzuversetzen.
- Wodurch hat er seinen Lebenswillen erhalten?
- Was könnte das heißen, »mit sich im reinen zu sein«?
- Vgl. Sie diese Schilderung mit Richters Strategien.

LE 32 Die Deutung der Passion im Kirchenlied

Das folgende Passionslied aus dem Kirchengesangbuch ist von Paul Gerhardt (1607–1676) verfaßt:

64

Weise: O Welt, ich muß dich lassen (Ch.B. 214)
15. Jahrh. / geistlich um 1505 / bei B. Gesius 1605

2. Tritt her und schau mit Fleiße: sein Leib ist ganz mit Schweiße / des Blutes überfüllt; aus seinem edlen Herzen vor unerschöpften Schmerzen ein Seufzer nach dem andern quillt.

3. Wer hat dich so geschlagen, mein Heil, und dich mit Plagen / so übel zugericht'? Du bist ja nicht ein Sünder / wie wir und unsre Kinder; von Übeltaten weißt du nicht.

4. Ich, ich und meine Sünden, die sich wie Körnlein finden des Sandes an dem Meer, die haben dir erreget / das Elend, das dich schläget, und das betrübte Marterheer.

5. Ich bin's, ich sollte büßen an Händen und an Füßen gebunden in der Höll; die Geißeln und die Banden / und was du ausgestanden, das hat verdienet meine Seel.

6. Du nimmst auf deinen Rükken / die Lasten, die mich drükken / viel schwerer als ein Stein; du wirst ein Fluch, dagegen verehrst du mir den Segen; dein Schmerzen muß mein Labsal sein.

7. Du setzest dich zum Bürgen, ja lässest dich gar würgen / für mich und meine Schuld; mir lässest du dich krönen / mit Dornen, die dich höhnen, und leidest alles mit Geduld.

8. Ich bin, mein Heil, verbunden / all Augenblick und Stunden / dir überhoch und sehr; was Leib und Seel vermögen, das soll ich billig legen / allzeit an deinen Dienst und Ehr.

9. Nun, ich kann nicht viel geben / in diesem armen Leben; eins aber will ich tun: es soll dein Tod und Leiden, bis Leib und Seele scheiden, mir stets in meinem Herzen ruhn.

10. Ich will's vor Augen setzen, mich stets daran ergötzen, ich sei auch, wo ich sei; es soll mir sein ein Spiegel / der Unschuld und ein Siegel / der Lieb und unverfälschten Treu.

11. Wie heftig unsre Sünden den frommen Gott entzünden, wie Rach und Eifer gehn, wie grausam seine Ruten, wie zornig seine Fluten, will ich aus diesem Leiden sehn.

12. Ich will daraus studieren, wie ich mein Herz soll zieren mit stillem, sanftem Mut, und wie ich die soll lieben, die mich doch sehr betrüben / mit Werken, so die Bosheit tut.

13. Wenn böse Zungen stechen, mir Glimpf* und Namen brechen, so will ich zähmen mich; das Unrecht will ich dulden, dem Nächsten seine Schulden verzeihen gern und williglich.

*guten Ruf

14. Ich will ans Kreuz mich schlagen / mit dir und dem absagen, was meinem Fleisch gelüst'; was deine Augen hassen, das will ich fliehn und lassen, so viel mir immer möglich ist.

15. Dein Seufzen und dein Stöhnen / und die viel tausend Tränen, die dir geflossen zu, die sollen mich am Ende / in deinen Schoß und Hände / begleiten zu der ewgen Ruh.

Paul Gerhardt 1607–1676

> Bearbeitungshinweise:
> - Wie interpretiert P. Gerhardt Leiden und Tod Jesu?
> - Was bedeutet das für den Christen?
> - Welche Folgen hat solch ein Leidensverhältnis ihrer Meinung nach?

LE 33 Die »christliche« Weise des Umgangs mit dem Leiden

Der folgende Text stammt aus einer kirchlichen Handreichung für Kranke

»Leid kommt aus Gottes Hand. Zwischen Sünde und Krankheit besteht ein Zusammenhang, der viel zu wenig erkannt wird. Die tiefste, eigentlichste Wurzel der Krankheit ist die Sünde. Der Kranke verkennt diese wesentliche Krankheitsursache und führt sein Leiden auf ›äußere Umstände, auf natürliche Ursachen‹ zurück. Volle Gesundheit besteht erst im kommenden Reich. Krankheit ist eine großartige Gelegenheit, innerlich zu wachsen und zu reifen. Spüren Sie nicht gerade während Ihrer Krankheit, wie Gott mit Ihnen an der Arbeit ist? Die Leidensgnade ist wertvoller als die körperliche Heilung. Leid ist Erziehungsmittel der göttlichen heilsamen Liebe ...«

Aus: Theologia Practica, 7. Jg. 1972, S. 302f.

Bearbeitungshinweise:
- Wie wird die Krankheit interpretiert?
- Welcher Zusammenhang besteht danach zwischen Krankheit und dem Kranken?
- Wie beurteilen Sie dieses Verständnis des Leidens?

LE 34 Atheistische Beurteilung der christlichen Leidenstheologie

In diesem Text übt E. Bloch radikale Kritik an der christlichen Theologie:

Die Jünger waren keine mehr, als alles so bitter ausging. Der Tod am Kreuz war nicht einmal ein besonderer, ein wenigstens hevorstechender. Täglich starben ihn gewöhnliche Verbrecher, und wie viele Sklaven, die ja nicht als Menschen galten, hingen an dem grausamen Holz. Zuverlässig hatten die Jünger, gar vorher die sagenhaften Hirten auf dem Feld, unter Frohbotschaft ein anderes verstanden. Ebenso hat der geschichtliche Jesus diesen Tod nicht erwartet, trotz der bangen Nacht zuvor in Gethsemane; gerade sterbend fühlte er sich verlassen. Hat er den Jüngern versichert, daß einige von ihnen lebend das Reich sehen werden, das nahe herbeigekommene, so nahm er sich am wenigsten davon aus. Nichts schien daher unter den Jüngern einleuchtender, als daß dieser König durch den Galgen, dieser Lebensbringer durch den Tod widerlegt war. Mächtig war also bei den ersten Jüngern einzig ein Nichtwahrhabenwollen von Jesu Tod und das kraft des wachsenden Nachwirkens seiner Person, mit dem aktiven Pathos: diese Seele kann nicht vergehen und ihre Hoffnung läßt uns nicht zuschanden werden. Wonach nun – wie nie bei einem untergegangenen bloßen Helden – dessen Ende eher als Anfang ja genau als Anfang erscheinen konnte, als tief eröffneter. Allerdings nicht lange, nicht für die, die Jesus nicht mehr lebendig erfahren haben und nicht für einen so gläubigen Sinn wie den der ersten Jünger.

So mußte schließlich eigne Theologie aufgeboten werden, kurz Opfertod statt Geistererscheinungen, schuldbezahlender Martertod und dialektisch erworbenes Ostern dadurch, danach. Paulus eben brachte, bereits außerhalb der Urchristen, das starke, das gerade für die Heidenmission notwendige Paradoxstück von Wendung: Jesus ist nicht trotz, sondern wegen des Kreuzes der Messias. Vor alter war noch geschrieben: »Ein Gehenkter ist verflucht bei Gott« (5. Mose 21,23), nun aber dekretiert Paulus mit Drehung ohnegleichen »Christus hat uns erlöst vom Fluch des Gesetzes, als er ward ein Fluch für uns« (Gal 3,10) und: »Durch Kreuz, Auferstehung, Himmelfahrt hat Gott überhaupt erst Jesus zu einem Herrn und Christus gemacht« (Apgesch 2,36). Item: nicht durch Leben, Wandel, Lehre (wie es den Jüngern erschien), gar durch Einsetzung des Menschensohns ins Jachwetum (wie es der priesterlichen Orthodoxie erschien), sondern allein auf und durch Golgatha erschien der Messias, ja wurde er erst geboren. Zur Vertrautheit, um nicht zu sagen Nachsicht mit Golgatha bot sich daher zunächst eine ausschließliche Schuld der Menschen an und raffinierter weiterhin eine Gleichsetzung von sittlichen Schuldigen und verschuldeten Schuldigern; womit römisches Obligationenrecht in die Aufrechnung kam, Gottvater entlastend. Gnadenlose Gerechtigkeit rechnete nun Schulden auf, für die Bezahlung verlangt wurde, und der Christus der Opfertodlehre bezahlte sie mit seinem unschuldigen Blut, sogar noch durch überschüssiges Verdienst einen Gnadenschatz zu kirchlicher Verwaltung anhäufend.
Ist doch der nun letzte Quell der Opfertodlehre nicht nur besonders blutig, sondern auch besonders archaisch: er entspringt dem ältesten, so lang schon vermiedenen Menschenopfer, zuletzt noch vor – Moloch. Und so allerdings dem widerchristlichsten schlechthin; auch um diesen Preis also hat Paulus den neuen, nämlich Missionstext gesetzt: Jesus sei Messias nicht obwohl, sondern weil er am Kreuz geendet habe.
Denn damit war eben das Subversive in der Bibel vermöge des geopferten Lamm-Mythos zum letzten Mal unterbrochen. Es sollte sich so die sogenannte Geduld des Kreuzes sanktionieren, die den Unterdrückten so empfehlenswerte, den Unterdrückern so bequeme, und insgesamt der bedingungslose Gehorsam vor der Obrigkeit schlechthin, als der von Gott seienden. Ja noch jede Theologie der Hoffnung, die sich mit an die Spitze des Verändernden, Neuen stellen möchte, macht sich ebenso wieder konform, indem sie, mit genehmer Passivität, der Hoffnung Jesu vor und bis zum Kreuz gerade die Spitze abbricht. All das mit Bezug auf diese nicht zum Quod ego der Rebellion, auch weniger zur Dialektik als zur Apologetik gehörenden Kreuz-Partien bei Paulus; »Leid, Leid, Kreuz, Kreuz, ist des Christen Teil« sagt von daher auch der spätere Luther (zu den geschundenen Bauern, nicht zu den Herrn). Kurz, ohne die Opfertod- und entsprechende Jachwe-Rezession wären auch dieses Sinns die politischen Kreuzbefehle Pauli ohne Halt.

Aus: E. Bloch, Atheismus im Christentum, S. 218f.

Bearbeitungshinweise:
- Wie interpretiert Bloch den Tod Jesu?
- Welches Motiv ist für ihn der Auslöser einer Opfertheologie?
- Von welchen Voraussetzungen her kritisiert Bloch die christliche Theologie?
- Wie beurteilen Sie diese Kritik?

LE 35 Revolte gegen das Leiden

In dem folgenden Ausschnitt aus dem Roman »Die Pest« unterhält sich der Arzt Dr. Rieux mit einem Freund über die Predigt des Pater Paneloux, der die Pest als Strafe Gottes für die Sünden der Menschen in der Stadt bezeichnet hat.

»Wie denken Sie über Paneloux' Predigt, Herr Doktor?«

Die Frage war natürlich gestellt, und Rieux beantwortete sie natürlich.
»Ich habe zu lange in Spitälern gelebt, um Gedanken einer Kollektivstrafe zu lieben. Aber wissen Sie, die Christen sprechen manchmal so, ohne es je wirklich zu denken. Sie sind besser als sie scheinen.«
»Und doch glauben Sie, wie Paneloux, daß die Pest auch ihr Gutes hat, daß sie die Augen öffnet, daß sie zum Denken zwingt!«
Der Arzt schüttelte ungeduldig den Kopf.
»Wie alle Krankheiten auf dieser Erde. Aber was für die Übel dieser Welt gilt, das gilt auch für die Pest. Das kann ein paar wenigen dazu verhelfen, größer zu werden. Wer jedoch das Elend und den Schmerz sieht, die die Pest bringt, muß wahnsinnig, blind oder feige sein, um sich mit ihr abzufinden.«
Rieux hatte die Stimme kaum erhoben. Aber Tarrou machte eine Handbewegung, als wollte er ihn beruhigen. Er lächelte.
»Ja«, sagte Rieux und zuckte die Achseln. »Aber Sie haben mir nicht geantwortet.Haben Sie es sich überlegt?«
Tarrou nahm in seinem Sessel eine etwas bequemere Stellung ein und schob den Kopf ins Licht vor.
»Glauben Sie an Gott, Herr Doktor?«
Auch diese Frage war natürlich gestellt. Aber diesmal zögerte Rieux.
»Nein, aber was heißt das schon? Ich tappe im dunkeln und versuche dennoch klar zu sehen. Ich habe schon lange aufgehört, das originell zu finden.«
»Ist es nicht das, was Sie von Paneloux scheidet?«
»Ich glaube nicht. Paneloux ist ein Büchermensch. Er hat nicht genug sterben sehen, und deshalb spricht er im Namen einer Wahrheit. Aber der geringste Priester, der auf dem Land seine Gemeinde betreut und dem Atem eines Sterbenden gelauscht hat, denkt wie ich. Er wird dem Elend zu steuern suchen, ehe er es unternimmt, seine Vorzüge aufzuzeigen.«

Rieux erhob sich, sein Gesicht war jetzt im Schatten.
»Lassen wir das, da Sie nicht antworten wollen.«
Tarrou lächelte, ohne sich zu rühren.
»Darf ich mit einer Frage antworten?«
Der Arzt lächelte nun seinerseits und sagte:
»Sie lieben das Geheimnis. Also gut.«
»Sehen Sie«, sagte Tarrou, »weshalb zeigen Sie selbst so viel Aufopferung, wenn Sie doch nicht an Gott glauben? Ihre Antwort wird mir vielleicht helfen, die meine zu finden.«
Ohne aus dem Schatten herauszutreten, erwiderte Rieux, daß er schon geantwortet habe. Wenn er an einen allmächtigen Gott glaubte, würde er aufhören, die Menschen zu heilen, und die Sorge ihm überlassen. Aber kein Mensch auf der ganzen Welt, nein, nicht einmal Paneloux, glaube an einen solchen Gott, obwohl er daran zu glauben glaube, denn es gebe sich ihm ja niemand völlig hin,und er, Rieux, glaube, wenigstens in dieser Beziehung auf dem Weg zur Wahrheit zu sein, indem er gegen die Schöpfung, so wie sie sei, ankämpfe.
»Ah!« sagte Tarrou. »Dies ist also das Bild, das Sie sich von Ihrem Beruf machen?«
»Ungefähr«, antwortete der Arzt und trat wieder ins Licht.
Tarrou pfiff leise, und der Arzt schaute ihn an.
»Ja«, sagte er, »Sie finden, daß Stolz dazu gehört. Aber ich habe nicht mehr Stolz als notwendig ist, glauben Sie mir. Ich weiß weder, was meiner wartet, noch was nach alldem kommen wird. Im Augenblick gibt es Kranke, die geheilt werden müssen. Nachher werden sie nachdenken und ich auch. Aber dringlich ist nur, daß sie geheilt werden. Ich verteidige sie, so gut ich kann, das ist alles.«

Aus: A. Camus, Die Pest.

Bearbeitungshinweise:

- Informieren Sie sich im Kommentarteil über den philosophischen Hintergrund von Camus Roman
- Der Arzt nimmt eine Gegenposition zur christlichen Theologie ein, wie sie in der Predigt des Paters sich darstellt. Worin besteht diese?
- Wie begründet Rieux seinen sinnlosen Kampf gegen die Pest?
- Wie beurteilen Sie die existentialistische Haltung der Auflehnung gegen das Übel?

Problemaspekt B

Feindbilder

Psychoanalyse und Feindbilder

LE 36 »Die Krankheit nicht leiden können«

H. E. Richter stellt die psychoanalytische Theorie zur Entstehung von Feindbildern dar:

»Zu den noch am wenigsten gelösten Schlüsselproblemen unserer Zivilisation gehört der Umgang mit der Schwäche, mit der Zerbrechlichkeit, mit der Endlichkeit. Dieses Verhältnis hat zwar wesentlich mit der Geschlechterbeziehung zu tun, es ist indessen ein kulturelles Kernthema für sich, das auch im Zeichen anderer wichtiger Polarisierungen steht. Dazu zählen unter anderem die Beziehungen zwischen den Gesunden und den Kranken, zwischen den Jungen und den Alten, zwischen den Angepaßten und den Unangepaßten, zwischen den Ausbeutern und den Ausgebeuteten.

Die totale Auslöschung des Leidens wurde automatisch zu einem vorrangigen gesellschaftlichen Ziel als Kehrseite des Dranges nach narzißtischer Omnipotenz. Die absolute Selbstsicherheit als Rettung vor der verzweifelten Verlorenheit verlangt eine beständige Abwehr der Erfahrung der Brüchigkeit, der Versehrbarkeit, des Sterbenmüssens. Man kann verschiedene Abwehrstrategien unterscheiden, die dieser kontinuierlichen Selbst-Stabilisierung dienen sollen. Und diese Strategien sollen hier zunächst näher betrachtet werden, ehe der Versuch zu unternehmen sein wird, nach einer konstruktiven Lösung zu suchen, die mehr verspricht als die bisherigen gewaltsamen Versuche der Leidensvernichtung, der Leidensflucht und der Leidensverachtung.

Folgende Techniken, die dem Bemühen der Leidensausschaltung dienen, sind üblich:

1. Man versucht, das Leiden als ein von außen gemachtes Übel dadurch zu vernichten, daß man seinen bösen Urheber draußen bekämpft (Leidensvernichtung).
2. Man verfolgt eine Strategie der Vermeidung und Verleugnung (Leidensflucht).
3. Man versucht, sich über das Leiden zu erheben, es in heroischer Weise zu überwinden (Leidensverachtung).

Das allgemeine Prinzip dieser Reaktion besteht in der Verwandlung von Leiden in Haß. *Freud* hat dieses Reaktionsmuster entwicklungspsychologisch auf die Stufe des frühen Lust-Ichs zurückgeführt: Das Ich scheidet die Unlust gewissermaßen aus, indem es seinen Schmerz als Haß in die äußere Unlustquelle projiziert. Diese Verhaltensweise kann als eine vorherrschende Abwehrtechnik erhalten bleiben. Ganz verschwindet sie niemals. Sie dient vielen zeitlebens dazu, sich von Verzweiflung zu entlasten, indem sie das Problem stets äußeren Schuldigen anheften und sich durch deren Bekämpfung inneres Leiden ersparen. Sie retten sich unverzüglich immer wieder in Feindseligkeit, sobald sie die Gefahr spüren, innerlich zu verzagen. Das kann dazu führen, daß jemand lebenslänglich Außenfeinde zur Verfügung haben muß, um die anhaltende Gefahr depressiver Zusammenbrüche zu bannen. Die spezifische Ausgestaltung der Außenfeindvorwürfe ist ein Indiz für das Maß und die Art des inneren Elends, das abgewehrt werden soll. Je mehr die Unlust durch niederdrückende Selbstvorwürfe bestimmt ist, um so radikaler muß der Außenfeind verteufelt werden.

... Im Prinzip die gleichen Ängste sind noch immer die Urheber der projektiven Erschaffung und Verfolgung von Dämonen. Und es ließe sich auch näher erläutern, daß diese allgemeine Reaktionstendenz in Deutschland zu Beginn der Nazizeit durch Vereinigung bestimmter einschlägiger Bedingungen besonders aktualisiert wurde: Da bestanden Arbeitslosigkeit, Hunger, politische Ohnmacht sowie moraliche Entwertung (die ›häßlichen Deutschen‹, mit dem Stempel der Kriegsschuld). Die Verarmung, Unterdrückung und moralische Demütigung kontrastierten so schroff mit den aus der Tradition verinnerlichten nationalistischen Ideen von Größe, Macht und missionarischem Welterlösungsauftrag, daß die Flucht in die Projektion nahe lag und nur einer entsprechenden Zündung bedurfte. *Hitler* hat exakt diese Lösung angeboten, nämlich den Ausbruch aus der Schwäche in den Entschluß zur tausendjährigen Weltherrschaft und die Abwälzung der eigenen Minderwertigkeitsideen und Schuldgefühle auf die zu bekämpfenden Repräsentanzen des Bösen, das ›Weltjudentum‹, den ›Weltbolschewismus‹ und die ›Träger minderwertigen Erbgutes‹.«

Aus: H. E. Richter, Der Gotteskomplex, S. 129 f.

Bearbeitungshinweise:

- Machen Sie sich die hier verwendeten psychoanalytischen Begriffe klar:
  narzißtische Omnipotenz; Lust-Ich; Abwehr; Projizieren.
  Ziehen Sie zur Klärung evtl. heran: Das Vokabular der Psychoanalyse, Bd. 1–2, Suhrkamp-Th. Wissenschaft 7
- Wie erklärt Richter den Vorgang der »Leidensvernichtung« durch Feindprojektion?
- Worin besteht nach Richter die Charakterprägung, die die Feind-Projektion hervorruft?
- Wodurch wäre der Zwang zur »Leidensvernichtung« aufzuheben?
- Welche Ursache und Funktion hatten die Feindbilder der NS-Propaganda?
- Was halten Sie von der Anwendung der Psychoanalyse auf politische Phänomene?

LE 37 Die Feindbilder in der Propaganda: Jude – Bolschewist – Ausländer

Plakat zur Ausstellung: »Der ewige Jude«. Offset-Lithografie. München 1937.

Hans Schweitzer (Mjölnir): Sieg oder Bolschewismus. Offset-Lithografie. 1943.

Bearbeitungshinweise:

- Assoziieren Sie, was Ihnen zu den Bildern einfällt.
  Machen Sie sich für jedes der Bilder klar:
  - Was soll ausgesagt werden?
  - Mit welchen darstellerischen Mitteln wird dies erreicht?
  - Worin besteht der manipulatorisch-propagandistische Charakter dieser Bilder?
  - Was sind die gemeinsamen Elemente einer Feindbild-Propaganda?

LE 38 Feindbild und rechtsextreme Ideologie
Der nachstehende Zeitungsbericht faßt die Ergebnisse der sog. Sinus-Studie zusammen:

Noch heute haben Millionen Deutsche rechtsextremes Weltbild

Wissenschaftliche Untersuchung zeigt Haß auf »Fremdgruppen und Demokratie«

Bonn, 27. März. Millionen von Deutschen in der Bundesrepublik haben auch heute noch ein rechtsextremes Weltbild, das gekennzeichnet ist durch ein Geschichtsbild, wie es von den Nazis verbreitet wurde, durch Haß auf »Fremdgruppen«, Demokratie und Pluralismus sowie durch übersteigerte Verehrung von Volk, Vaterland und Familie. Zu diesem Ergebnis kam das Sozialwissenschaftliche Institut»sinus«, das im Auftrag des Bundeskanzleramtes von Mai 1979 bis Oktober 1980 rechtsextreme politische Einstellungen in der Bundesrepublik erforschte.

Die Sozialwissenschaftler untersuchten zunächst einschlägige Veröffentlichungen, befragten 45 rechtsextreme Personen in »Tiefeninterviews«, entwickelten danach Skalen über rechtsextreme Einstellungen und befragten dann schließlich 6968 wahlberechtigte Bundesbürger, die eine »repräsentative Stichprobe« sein sollten.

Die Untersuchung ergab, daß 13 Prozent der wahlberechtigten Bevölkerung rechtsextreme Einstellungen haben, das sind über fünf Millionen Bundesbürger. Knapp die Hälfte von ihnen billigen offen auch politisch motivierte Gewalt, wie die Untersuchung ergab. Bei weiteren 37 Prozent der wahlberechtigten Bevölkerung ermittelten die Wissenschaftler Einstellungen, »die sich zum Teil mit rechtsextremen Denkinhalten überschneiden«, wie es in der »sinus«-Studie heißt.

Das Weltbild der bundesdeutschen Rechtsextremisten setzt sich nach Angaben der Sozialforscher aus fünf »Faktoren« zusammen. Erster Punkt und »Rückgrat des rechtsextremen Weltbildes« sei das »reaktionäre Menschenbild«, der Haß und die Abneigung gegen alles Andersartige. Gegen »unanständige« Jugendliche, Gastarbeiter, sexuelle Minderheiten und sogenannte Asoziale richtet sich insbesondere der Haß.
Rechtsextremisten fühlen sich aber auch bedroht, zum Beispiel durch die Ausländer in der Bundesrepublik, die ihrer Meinung nach den Bestand der »Rasse« des deutschen Volkes gefährden.
Der dritte Faktor des rechtsextremen Weltbildes ist das Harmoniebestreben, das einhergeht mit einem Antipluralismus. Rechtsextrem eingestellte Bürger halten nichts von der pluralistischen Verfassung der Bundesrepublik und neigen einem Führerstaat zu, in dem nur einer bestimmt.
Als vierten Punkt ermitteln die Sozialwissenschaftler eine krankhaft erhöhte Verehrung von »Volk, Vaterland und Familie«, was sie auf unerfüllte Sehnsüchte nach Harmonie und Geborgenheit zurückführen.
Den fünften und letzten Faktor des rechtsextremen Weltbildes nannten die »sinus«-Forscher den »Siegfried-Komplex«. Darunter verstehen sie eine Einstellung, die sich am besten durch das Bild vom aufrechten deutschen Recken beschreiben läßt, der von tückischen listigen und intelligenten Feinden umlauert ist.« Die Feindbilder der Nazis, nämlich linke Journalisten, linke Intelligenz, Freimaurer, Juden, »das Ausland«, wurden von den Rechtsextremen übernommen, wie das Institut feststellte.
Als erfreuliches Ergebnis konnten die Sozialwissenschaftler vermelden, daß »die Jugendlichen besser als ihr Ruf sind«. Nur vier Prozent der Rechtsextremen sind zwischen 18 und 21 Jahre alt, der Anteil der 60 bis 69jährigen macht dagegen 20 Prozent aus.

Aus: Frankfurter Rundschau, 28. 3. 81

Bearbeitungshinweise:

- Stellen Sie zusammen, worin die grundlegenden Elemente des rechtsextremen Weltbildes bestehen.
  5 Faktoren nennt die Studie.
- Wie kommt es von dem rechtsextremen Weltbild zur Feindbild-Produktion?
- Sind Sie vom Ergebnis überrascht?
- Vgl. Sie die Ergebnisse der Studie mit dem Richter-Text!

LE 39 Feindbild »Ausländer«

Zwei Texte, die geeignet sind, Angst zu machen:

1. Der Stern-Bericht gibt einen Einblick in die Lage:

»Römerberg in Frankfurt: 8000 Menschen, darunter viele Ausländer, haben sich zur Mai-Kundgebung des DGB versammelt. 250 Jugendliche, die zu einem Fußballspiel angereist sind, stürmen den Platz und rufen: ›Kanaken raus‹ und ›Sieg heil‹. Mit Stöcken, Steinen und Tränengas gehen die angetrunkenen Fußballfans auf die Ausländer los. Sieben werden verletzt.

Linienbus in München: Vor einer Türkin baut sich eine ältere Münchnerin auf, packt die Ausländerin am Ärmel: ›Los steh auf, dies ist mein Platz, dein Platz ist in der Türkei.‹

Flohmarkt in Hamburg: Ein Händler hat inmitten eines Trödels einen hölzernen Stampfer ausgelegt, wie er zu Großmutters Zeiten zum Zerkleinern von Kartoffeln benutzt wurde. ›Was soll der denn kosten?‹ fragt ein junger Mann. ›Ach der‹, sagt der Händler, ›den hab ich doch nur zum Türken-Vertreiben. Wenn die nicht wären, hätten wir keine Arbeitslosen.‹

Szenen aus der Bundesrepublik im Jahre 1982. Die Akteure in Frankfurt, München und Hamburg sind keine gewalttätigen Neonazis. Die Fußballfans, die alte Dame im Bus und der Trödler sind ganz normale Bürger.

Nach einer Umfrage des Bad Godesberger ›infas‹-Instituts vom Jahresanfang ist die Hälfte der Bevölkerung der Bundesrepublik ›klar ausländerfeindlich eingestellt‹. 58 Prozent der Befragten wünschen, daß die Zahl der 4,6 Millionen Ausländer in der Bundesrepublik verringert wird. 62 Prozent mißbilligen, daß die Gastarbeiter ihre Familien in die Bundesrepublik nachholen. Am stärksten ist die Ausländerfeindlichkeit nach der Umfrage bei Bundesbürgern über 50 Jahre und bei Volksschulabsolventen. Und noch eins fanden die Meinungsforscher heraus: Befragte, die befürchten, die wirtschaftliche Lage werde sich in Zukunft weiter verschlechtern, sind anfälliger für ›Ausländer raus‹-Parolen.

Die Abneigung richtet sich besonders gegen die 1,5 Millionen Türken. Die, so glauben viele, sind an allem schuld: an Arbeitslosigkeit und Wohnungsnot, an Kriminalität und Schulmisere.

Kaum eine Stadt, in der die Parole ›Türken raus‹ nicht an Wänden und in Flugblättern auftaucht.«

Aus: Stern: 1982, Bericht von Karen Andresen

2. Ein anonymes Flugblatt:

Aus: Staeck/Karst, Macht Ali deutsches Volk kaputt?, 1982

Bearbeitungshinweise:

- Wie reagieren Sie auf das Stichwort »Ausländer«?
- Versuchen Sie für sich folgende Fragen zu beantworten:
  Würden Sie einen Gastarbeiter als Nachbarn haben wollen? als Freund? als Mitschüler? als Arbeitskollege? als Vorgesetzter?

Tragen sie Ihre Antworten in dieses Schema ein:

	Wäre mir angenehm	Ich hätte nichts dagegen	Wäre mir nicht ganz angenehm	Wäre mir sehr unangenehm
Ausländer als Nachbar				
Ausländer als Freund				
Ausländer als Mitschüler				
Ausländer als Arbeitskollege				
Ausländer als Vorgesetzter				

- Halten Sie den Ausländer-Haß für berechtigt?
- Diskutieren Sie die Ergebnisse des Einstellungsschemas!
- Was macht Ihnen Schwierigkeiten, sich eine nähere Verbindung zu Ausländern zu wünschen?
- Meinen Sie, daß die wirtschaftlichen Schwierigkeiten in der Bundesrepublik durch den Abzug der Ausländer geringer würden?
- Überprüfen Sie noch einmal anhand des Richter-Textes, wie Sie zu der Forderung »Ausländer raus« stehen!

LE 40

Das Manifest gegen die Ausländer

Im »Heidelberger Manifest« vom 14. Juni 1981 riefen fünfzehn Professoren zum »Widerstand gegen die Selbstauslöschung des deutschen Volkes« auf:

Öffentlichkeits-Fassung des Heidelberger Manifestes

Mit großer Sorge beobachten wir einen Vorgang, der – ausgelöst durch eine euphorisch-optimistische Wirtschaftspolitik – dazu führte, daß inzwischen fünf Millionen Gastarbeiter mit ihren Familien in unserem Land leben und arbeiten. Offensichtlich ist es nicht gelungen, trotz Anwerbestopp den Zustrom zu begrenzen. Im Jahre 1980 hat allein die Zahl der gemeldeten Ausländer um 309 000 zugenommen, davon 194 000 Türken.

Die Lage wird erschwert dadurch, daß nur wenig mehr als die Hälfte der Kinder geboren werden, die für ein Nullwachstum der deutschen Bevölkerung der Bundesrepublik erforderlich wären: die Erneuerung der generativen Funktion der deutschen Familie ist dringend nötig.

Bereits jetzt fühlen sich viele Deutsche in ihrem Wohnbezirk und an ihren Arbeitsstätten fremd in der eigenen Heimat, ebenso wie die Gastarbeiter Fremde sind in ihrer neuen Umgebung.

Der Zuzug der Ausländer wurde von der Bundesregierung aus Gründen des heute als fragwürdig erkannten hemmungslosen Wirtschaftswachstums gefördert. Die deutsche Bevölkerung wurde bisher über Bedeutung und Folgen nicht aufgeklärt. Sie wurde auch nicht darüber gefragt. Deshalb halten wir die Gründung einer parteipolitisch unabhängigen Arbeitsgemeinschaft für nötig, die eine möglichst allseitige Lösung eines Problems angeht – im Gespräch mit den verantwortlichen Politikern –, das gelöst werden muß, soll es nicht zur Schicksalsfrage für Gastarbeiter und Gastland werden. Was die Lösung dieses Problems so erschwert, ist die Tatsache, daß in der öffentlichen Diskussion die notwendigen Fragen nicht mehr gestellt werden können, ohne daß gegen die Fragesteller der Vorwurf des Nazismus erhoben wird. Wir betonen daher, daß wir bei allen Bemühungen um eine Lösung entschieden auf dem Boden des Grundgesetzes stehen und uns nachdrücklich gegen ideologischen Nationalismus, Rassismus, und Rechts- und Linksextremismus wenden.

Die Integration großer Massen nicht-deutscher Ausländer ist ohne Gefährdung des eigenen Volkes, seine Sprache, Kultur und Religion nicht möglich.

Jedes Volk, auch das deutsche Volk, hat ein natürliches Recht auf Erhaltung seiner Identität und Eigenart in seinem Wohngebiet. Die Achtung vor anderen Völkern gebietet ihre Erhaltung, nicht aber ihre Einschmelzung (»Germanisierung«). Europa verstehen wir als eine lebendige Gemeinschaft von Völkern und Nationen, die durch Kultur und Geschichte eine Ganzheit höherer Art bilden.

»Jede Nation ist die einmalige Facette eines göttlichen Plans« (Solschenyzin).

Die Vielvölkernation Schweiz hat am 5. April 1981 mit ihrer in freier Abstimmung der Wähler erzielten Entscheidung ein Modell gegeben.

Obleich wir um den Mißbrauch des Wortes Volk wissen, müssen wir mit allem Ernst daran erinnern, daß das Grundgesetz vom Begriff »Volk«,

und zwar vom deutschen Volk, ausgeht und daß der Bundespräsident und die Mitglieder der Bundesregierung den Amtseid leisten:
»Ich schwöre, daß ich meine Kraft dem Wohle des deutschen Volkes widmen, seinen Nutzen mehren, Schaden von ihm wenden werde.«
Wer diesem Eid seinen Sinn läßt, wird sich nicht dagegen wehren können, daß es das deutsche Volk ist, um dessen »Erhaltung« es geht. Wer aus diesem Begriff folgert, daß es auch nichterhaltenswerte Völker gäbe, interpretiert gegen diese Regeln wissenschaftlicher Hermeneutik und mißdeutet gröblich unser Anliegen.
Wir scheuen uns auch nicht, daran zu erinnern, daß das von der Präambel des Grundgesetzes als Verpflichtung aufgegebene Ziel der Wiedervereinigung durch die praktizierte Ausländerpolitik aufs schwerste gefährdet werden könnte.
Wie soll Wiedervereinigung möglich bleiben, wenn sich die Teilgebiete ethnisch fremd werden?
Welche Zukunftshoffnung verbleibt den Hunderttausenden von Gastarbeiterkindern, die heute sowohl in ihrer Muttersprache wie in der deutschen Sprache Analphabeten sind? Welche Zukunftshoffnung haben unsere eigenen Kinder, die in Klassen mit überwiegend Ausländern ausgebildet werden?
Allein lebendige und lebensfähige deutsche Familien können unser Volk für die Zukunft erhalten.
Da die technische Entwicklung Möglichkeiten bietet und in gesteigertem Ausmaß bieten wird, die Beschäftigung von Gastarbeitern überflüssig zu machen, muß es oberster Grundsatz zur Steuerung der Wirtschaft sein: nicht Menschen zu den Maschinen zu bringen, sondern die Maschinen zu den Menschen. Das Übel an der Wurzel zu packen heißt, durch gezielte Entwicklungshilfe die Lebensbedingungen der Gastarbeiter in ihren Heimatländern zu verbessern – und nicht hier bei uns. Die Familienzusammenführung der Gastarbeiter in ihre angestammte Heimat – selbstverständlich ohne Zwangsmaßnahmen – wird unser überindustrialisiertes und an Umweltzerstörung leidendes Land entlasten.
Nahezu keiner der Verantwortlichen und Funktionäre der großen gesellschaftlichen Körperschaften hat es gewagt, die Dinge beim Namen zu nennen, geschweige denn ein realistisches Konzept einer langfristigen Politik vorzuschlagen. Wir halten deshalb die Bildung einer überparteilichen Arbeitsgemeinschaft für notwendig, die allen Verbänden, Vereinigungen usw., die sich der Erhaltung unseres Volkes, seiner Sprache, Kultur, Religion und Lebensweise widmen, aber auch Einzelpersonen Mitarbeit ermöglicht.
Gerade wir Hochschullehrer, zu deren vornehmer Aufgabe und Pflicht es nach wie vor gehört, Ausländern (insbesondere aus der sogenannten Dritten Welt) eine zweckentsprechende und sinnvolle Ausbildung in unserem Lande zu ermöglichen, müssen auf Grund unserer beruflichen Legitimation auf den Ernst der Lage und die bedrohlichen Konsequenzen der im Gang befindlichen Entwicklung in aller Öffentlichkeit hinweisen.
Mainz, den 31. Januar 1982

Professor Dr.phil. Bambeck (Frankfurt), Professor Dr. rer. pol. R. Fricke (Karlsruhe), Professor Dr. phil. W. Haverbeck (Vlotho), Professor Dr. rer. nat. J. Illies (Schlitz), Professor Dr. theol. P. Manns (Mainz), Professor Dr. jur. H. Rasch (Bad Soden), Professor Dr. rer. nat. W. Rutz (Bochum), Professor Dr. rer. nat. Th. Schmidt-Kaler (Bochum), Professor Dr. med. K. Schürmann (Mainz), Professor Dr. phil. F. Siebert (Mainz), Professor Dr. phil. G. Stadtmüller (München)

Bearbeitungshinweise:

- Mit welchen einzelnen Argumenten fordern die Autoren den Abzug der Ausländer?
- Wie wird der Begriff »Volk« verstanden?
- Was spricht für oder gegen kulturelle Einheit in einer Gesellschaft?
- Was halten Sie vom Argument der Umweltbelastung durch die 4 Mill. Ausländer?
- Wie schätzen Sie die Behauptung ein: nur »lebensfähige deutsche Familien können unser Volk in Zukunft erhalten«?
- Ist das Ihrer Meinung nach wissenschaftliche Argumentation? Begründen Sie Ihre Meinung.
- Wie würden Sie in dieser Frage argumentieren?

LE 41 Konsequenzen und Veränderungen
Abschluß-Diskussion:
Welche Veränderungen müssen geschehen, um die schlimmsten Folgen der Kapitulation vor dem Bösen zu verhindern?

Bearbeitungshinweise:

- Gehen Sie die einzelnen Teile dieses Problemaufrisses (das Buch) durch und stellen Sie eine Liste der nötigen Veränderungen zusammen.
  Diskutieren Sie diese Vorschläge!
- Analysieren Sie die fünf Thesen aus dem Schlußteil des Kommentars. Sind sie zutreffend? realisierbar?
  Machen Sie Korrektur- und Ergänzungsvorschläge!

Anmerkungen

1 W. Pannenberg, Art. Das Böse, in: Ev. Kirchenlexikon, 1958, S. 560.
2 K. Lorenz, Das sogenannte Böse, Wien 1965.
3 H. Horkheimer/T. W. Adorno, Dialektik der Aufklärung, Frankfurt/M. 1969, S. 7.
4 J. Scharfenberg/H. Kämpfer, Mit Symbolen leben, 1980, S. 144.
5 E. Drewermann, Strukturen des Bösen, die jahwistische Urgeschichte in exegetischer, psychoanalytischer und philosophischer Sicht, 1982, Bd. III, S. XVI.
6 a.a.O., S. XVI.
7 J. Leinemann, Die Angst der Deutschen, 1982, S. 145.
8 Zit. nach: Der Spiegel Nr. 7/1982, S. 168.
9 Nach einer dpa-Meldung der Frankfurter Rundschau vom 3. 3. 82.
10 Zit. nach Dokumentation des Berichtes in der Frankfurter Rundschau vom 19. 6. 1982, S. 14.
11 Korrespondenten-Bericht der FR vom 24. 5. 1982.
12 Zit. nach: Die Zeit, 25/82, v. 18. 6. 82, S. 2.
13 Zit. nach: Die Zeit 25/82, v. 18. 6. 1982.
14 W. Schulz, Gut und Böse, in: praktische Philosophie/Ethik 1, hrsg. v. K. O. Apel u. a., 1980, S. 320.
15 S. Freud, G. W. VII, S. 303.
16 E. Drewermann, a.a.O. S. XVI.
17 H. Gunkel, Genesis, Göttingen ^{8}1969, S. 20.
18 Vgl. zu diesem Aspekt: F. Crüsemann, »... er aber soll dein Herr sein«, in ders./H. Thyen, Als Mann und Frau geschaffen, Exegetische Studien zur Rolle der Frau 1978; R. Fester u. a., Weib und Macht, 1979; H. Sorge, »... er aber soll nicht dein Herr sein«, in Forum Religion, 3/81, S. 12.
19 Vgl. dazu: G. Casalis, Die richtigen Ideen fallen nicht vom Himmel (urban tb 640), 1980; M. Clevenot, So kennen wir die Bibel nicht, ^{2}1980.
20 So: R. Fester u. a., Weib und Macht, S. 47 ff.
21 Vgl. dazu: E. Fromm, Ihr werdet sein wie Gott, 1980 (rororo tb 7332), S. 22 f.
22 S. Freud, Die Zukunft einer Illusion, in: ders., Massenpsychologie und Ich-Analyse, 1967 (Fischer tb 851), S. 96 f., 98.
23 Ev. Kirchenlexikon, Art. »Teufel«, S. 1336.
24 Zit. nach W. Fraenger, Hieronymus Bosch, 1969, S. 31, 38.
25 Ev. Kirchenlexikon, Art. »Teufel«, S. 1338.
26 Zit. nach: H. Haag, Vor dem Bösen ratlos? 1978, S. 244.
27 Hexen, Katalog zur Ausstellung, S. 39.
28 H. P. Schmidt, Die Erfahrung des Bösen, in: Funkkolleg, Praktische Philosophie/Ethik, Studienbegleitbrief Nr. 9, 1981, S. 58.
29 Zit. bei A. Dihle, Ethik, in: Reallexikon für Antike und Christentum, 1966, Sp. 684.
30 W. Pannenberg, Art. Böse, in: Ev. Kirchenlexikon, S. 560.
31 H. P. Schmidt, a.a.O., S. 75.

32 H. P. Schmidt, a.a.O., S. 76.
33 H. P. Schmidt, a.a.O., S. 79.
34 I. Kant, Die Religion innerhalb der Grenzen der blossen Vernunft, Berlin 1968, BA 3 ff.
35 E. Fromm, Anatomie der menschlichen Destruktivität, 1977, S. 18.
36 Zit. nach: S. Freud, Studienausgabe, Bd. IX, 1982, S. 246.
37 Vgl. S. Freud, Warum Krieg? a.a.O., S. 275 ff.
38 E. Fromm, a.a.O., S. 245.
39 H. P. Nolting, Lernschritte zur Gewalt, 1981, S. 44.
40 E. Fromm, a.a.O., S. 284.
41 a.a.O., S. 284.
42 E. Fromm, a.a.O., S. 286.
43 J. Moltmann, Der gekreuzigte Gott, 1972.
44 D. Sölle, Leiden, ^{5}1980, S. 135.
45 Vgl. dazu: S. Vierzig, Passionsgeschichten, 1971, S. 7.
46 D. Sölle, a.a.O., S. 32.
47 D. Sölle, a.a.O., S. 29 f.
48 Helga Sorge, »Wer leiden will, muß lieben – Gedanken über die Liebe in der Vorstellung vom Gekreuzigten Gott«, in: Feministische Studien, 1983, Weinheim, S. 54 ff..
49 a.a.O.
50 a.a.O.
51 D. Sölle, a.a.O., S. 136.
52 A. Camus, Der Mythos von Sisyphos. Ein Versuch über das Absurde, 1959, S. 47.
53 A. Camus, a.a.O., S. 51.
54 A. Camus, Die Pest, 1950, S. 62.
55 a.a.O., S. 64.
56 A. Camus, Die Pest, S. 84.
57 M. Frisch, Andorra, 1964, S. 90.
58 H. E. Richter, Der Gotteskomplex, 1979, S. 130.
59 a.a.O., S. 129 f.
60 a.a.O., S. 130.
61 Zit. nach: Der Spiegel 12/81.
62 Zit. nach: K. Staeck/J. Kirst (Hg.), Macht Ali deutsches Volk kaputt?, 1982, S. 63.
63 Zit. nach: K. Staeck, a.a.O., S. 60.
64 Zit. nach: K. Staeck, a.a.O., S. 61.
65 Zit. nach: K. Staeck, a.a.O., S. 64.
66 H. P. Schmidt, a.a.O., S. 42.
67 H. P. Schmidt, a.a.O., S. 42.

S. 23: Meister Betram, Der Sündenfall. Hamburger Kunsthalle.
S. 26: A. Paul Weber, »Die Herren der Schöpfung«. © A. Paul Weber, Schretstaken.
S. 31: »Gesetz und Gnade«. Germanisches Nationalmuseum Nürnberg.
S. 59: »Wir wollen nicht die Juden von morgen sein«. Pressedienst Paul Glaser Berlin.
S. 67: »Der Schrei«. Edvard Munch 1895. Oslo Kommunes Kunstsamlinger.
S. 69: »Die Angst der Deutschen«. Abdruck mit freundlicher Genehmigung des Emnid-Instituts, Bielefeld.
S. 69f.: »Auf dem Weg in die Katastrophe«. Der Spiegel, Nr. 21/1981.
S. 73 (oben): Pieter Bruegel d. Ä., »Der Turmbau zu Babel«. Kunsthistorisches Museum, Wien.
S. 73 (unten): »Babylon heute« nach dem Gemälde »Der Turmbau zu Babel« von Pieter Bruegel d. Ä., 1563. Design: Pierre Brauchli. Tanner + Staehelin Verlag, Wasserstraße 16, Postfach 191, CH 8029 Zürich.
S. 80f.: G. Bornkamm, Die Frage nach Gottes Gerechtigkeit, aus: Das Ende des Gesetzes. Paulusstudien. Gesammelte Aufsätze, Bd. I, 51966, S. 196ff. Chr. Kaiser Verlag, München.
S. 82ff.: »Die Instinkttheorie«. Abdruck mit freundlicher Genehmigung des Autors, Herrn Prof. Dr. Dr. h. c. H. Heckhausen (Bochum), sowie des Herausgebers, des Deutschen Instituts für Fernstudien (Tübingen).
S. 84f.: »Abraham – ein Versuch«. Abdruck mit freundlicher Genehmigung von Herrn Hans Strobel.
S. 86ff.: Erich Fromm, Anatomie der menschlichen Destruktivität. Abdruck der Textabschnitte mit freundlicher Genehmigung der Deutschen Verlags-Anstalt GmbH, Stuttgart.
S. 91: Lied »O Welt, sieh hier dein Leben«. Abdruck aus dem EKG mit freundlicher Genehmigung des Verbands ev. Kirchenchöre Deutschlands, Bockenem.
S. 92f.: E. Bloch, Atheismus im Christentum. Frankfurt/M. 1968, S. 218f. Suhrkamp Verlag, Frankfurt/M. 1968.
S. 94f.: A. Camus, Die Pest. Aus: A. Camus »Das Frühwerk«, Karl Rauch Verlag KG, Düsseldorf 1967.
S. 96f. (s. auch S. 55 u. 89): H. E. Richter, Der Gotteskomplex. © 1979 by Rowohlt Verlag GmbH, Reinbek b. Hamburg.
S. 99/100: Plakate »Der ewige Jude« / »Sieg oder Bolschewismus«. Abdruck mit freundlicher Genehmigung des Bundesarchivs Koblenz.
S. 101f.: »Fremdgruppen und Demokratie«. Abdruck mit freundlicher Genehmigung der ›Frankfurter Rundschau‹.
S. 104: Flugblatt »Ausländer Stopp!«. Abdruck mit freundlicher Genehmigung von Herrn Klaus Schultz.